André Presse / Ludwig Paul Häußner / Sonja Köke

Klimaschutz und Ernährungssicherheit

Ein globaler ordnungspolitischer Ansatz zur Nutzung
der Atmosphäre als Weltgemeinschaftsgut

Impulse aus der Forschung
Arbeitspapiere des Interfakultativen Instituts für
Entrepreneurship (IEP) des Karlsruher Instituts für Technologie
Band 3

Klimaschutz und Ernährungssicherheit

Ein globaler ordnungspolitischer Ansatz zur Nutzung
der Atmosphäre als Weltgemeinschaftsgut

von
André Presse
Ludwig Paul Häußner
Sonja Köke

2., aktualisierte und erweiterte Auflage

Impressum

Karlsruher Institut für Technologie (KIT)
KIT Scientific Publishing
Straße am Forum 2
D-76131 Karlsruhe
www.ksp.kit.edu

KIT – Universität des Landes Baden-Württemberg und nationales
Forschungszentrum in der Helmholtz-Gemeinschaft

KIT Scientific Publishing 2011
Print on Demand

ISSN 1964-1563
ISBN 978-3-86644-560-4

Kernaussagen

Derzeit werden auf der Erde jährlich Nahrungsmittel zur Ernährung von zwölf Milliarden Menschen geerntet, während gleichzeitig eine Milliarde von fast sieben Milliarden Menschen hungern. Der Welthunger ist nicht gott- oder naturgegeben und nicht durch die Knappheit an Nahrungsmitteln verursacht, wie häufig angenommen wird. Er ist menschengemacht. Er wird durch uns alle mitverantwortet, da wir als Einzelne die gegenwärtige Verfahrensweise mittragen, Gemeinschaftsgüter nicht als das anzusehen was sie sind und demzufolge auch nicht entsprechend damit umzugehen. Wie kommen wir im Rahmen einer weltweiten Klimapolitik dazu, dass jedem Menschen der ihm als Miteigentümer am Weltgemeinschaftsgut Atmosphäre (MERKEL 2007) zustehende Anteil daran beziehungsweise an dessen ökonomischen Wert zukommt?

In der ‚Weltbinnenwirtschaft‘ werden alle Kosten der Wertschöpfung, und damit auch die des Klimaschutzes, von den Verbrauchern getragen („bezahlt"). Ihnen steht damit – aus den Einnahmen aus dem „Verkauf" der Rechte zur Nutzung der Atmosphäre – eine Entschädigung für ihre Mehrkosten zu.

Der wesentliche Unterschied zwischen dem hier vorgeschlagenen Umgang mit Emissionsrechten und den gegenwärtig diskutierten Ansätzen besteht in Folgendem:

1.) Emissionsrechte werden nicht in erster Linie auf Nationen oder pro Kopf auf Nationen ‚zugeteilt‘ und dann mehr oder weniger transparent verschenkt (EUROPÄISCHE KOMMISSION 2010) oder verkauft, sondern sie werden in einem transparenten Verfahren *weltweit versteigert*.

2.) Die begrenzte Zahl der Hauptverursacher anthropogener (durch den Menschen verursachter) Erderwärmung in Form fossiler Brennstoffe (Öl, Kohle, Erdgas) erlaubt ein *inputorientiertes Vorgehen*: „Wer Kohlenstoff herstellt oder in Verkehr bringt", muss dazu das Recht in Form von CO_2-Zertifikaten erworben haben (EISENBEISS 2007a).

3.) Im Ziel, *jedem Menschen persönlich* den *finanziellen Gegenwert* der ihm bei einer Pro-Kopf-Lösung zustehenden Emissionsrechte zur Verfügung zu stellen. Damit wird der persönliche Freiraum aller Menschen erhöht, gleichzeitig sinkt der Zwang zur Vorsorge (in den ärmsten Ländern etwa durch hohe Kinderzahl); a) die Ärmsten der Armen erhalten ausreichend Kaufkraft für sauberes Trinkwasser und Grundnahrungsmittel und alle anderen erhalten mit dieser Zahlung b) einen *Ausgleich* für die höheren Endverbrauchskosten. Diese entstehen dadurch, dass die Erwerber der Emissionsrechte (in der Regel Unternehmen, die sie für ihre Produktion oder den Verkauf fossiler Brennstoffe beziehungsweise fossiler Energieträger benötigen) die Kosten des Erwerbs an ihre Kunden und somit letztlich an die Endverbraucher weitergeben (müssen).

Key Message

All the necessary technology and finance are available to solve the climate problem (EISENBEISS 2008) and at the same time, mankind harvests food sufficient for 12 billion people. Nonetheless, one billion out of seven billion people are starving and the climate is changing. How can we design a global economic policy that prevents climate change and at the same time makes the economic value of the atmosphere as a global common good available to its owner, i. e. to each individual per capita?

The proposed mechanism is a „cap, auction and dividend" model.
1.) Emission rights are not granted by nation but globally auctioned, i. e. by a UN body. The revenue is
2.) granted per capita individually and directly. Banking facilities are being made available and affordable globally by the implicit support for micro-finance systems.
3.) Economically developing countries and economically developed countries alike can proceed on their trail of growth, and economically less developed countries can through the influx of purchasing power (to the people, not to the potentate) embark on such a trail of growth. The limitation per capita allows for a smooth and effective path for reducing emissions over decades.
4.) Focusing on the main cause for global warming, fossil fuels (oil, coal, gas), allows for input orientation: Whenever a ton of these is being sold into the economic cycle, an equivalent amount – of roughly three tons – of emission rights must have been purchased before (EISENBEISS 2007a).

Zusammenfassung:
„Sachzwänge und Handlungsebenen im Klimaschutz"

Im internationalen Klimaschutz bestehen drei Sachzwänge:

1.) Die Emission von Treibhausgasen ist global zu begrenzen (u. a. PFEIFER 2011).
2.) Die Atmosphäre als „Ressource" muss effizient genutzt werden. Die Nutzung der Ressource muss einen Preis haben, um einen ökonomischen Anreiz zu ihrer sparsamen Verwendung zu schaffen.
3.) Es muss eine weltweite Pro-Kopf-Lösung erreicht werden, auf die sich Bundeskanzlerin Merkel und der indische Premierminister Singh im Jahr 2007 in Grundzügen verständigt haben. Andernfalls werden Staaten wie China und Indien, die für den Erfolg des Klimaschutzes entscheidend sind, eine Lösung nicht mittragen, da das für ihre Bevölkerung notwendige Wohlstands- und Wirtschaftswachstum zu steigenden Emissionen führt und sie eine nationalstaatliche Festschreibung von Emissionsreduktionen auf der Basis von 1990 (Kyoto) nicht akzeptieren können.

Ein institutionenökonomischer Lösungsansatz (3-Ebenen-Modell):

1. Ebene (Suffizienz):
   Die **weltweite Begrenzung** der Ressourcennutzung (z. B. der Emission auf 20 bis 30 Mrd. Tonnen CO_2 p. a., geltend in einer ersten Phase z. B. für die Hauptverursacher Kohle, Öl und Gas).
2. Ebene (Effizienz):
   Die **weltweite Versteigerung** (im Unterschied zu einer Verteilung nach Volkswirtschaften) der Gesamtmenge. Dabei die **inputorientierte Steuerung**: Eine Tonne fossiler Kraftstoffe (Kohlenstoff zum Beispiel in Öl und Kohle) führt bei Verbrennung (also der überwiegenden Nutzungsart) zu einem Ausstoß von etwas mehr als drei Tonnen CO_2. Daher Erfassung und Kontingentierung an der Quelle: Wer Kohlenstoff herstellt oder in Verkehr bringt, muss zuvor durch den Erwerb von Kohlenstoffzertifikaten in entsprechender Menge das Recht dazu erworben haben (EISENBEISS 2007 und 2008).

3. Ebene (Äquivalenz):
Der durch Ebenen 1 und 2 monetarisierte Wert der knappen Res-
source „Aufnahmespeicher" als Ressource und Menschheitsgut
(MERKEL) wird **pro Kopf** der Weltbevölkerung **ausgezahlt**.

Konkrete Ausgestaltung und Ausgestaltungsprobleme

Die beiden ersten Ebenen stellen eine Anwendung des mengenpolitischen Instrumentariums der Umweltökonomie dar. Sie erfüllen jedoch
erst bei Ergänzung durch die dritte Ebene die von der Bundeskanzlerin
zugesagte Pro-Kopf-Lösung als Voraussetzung für die Beteiligung von für
den Erfolg des Klimaschutzes so entscheidenden Volkswirtschaften wie
China und Indien. Im Juli 2008 scheiterten die Klimaschutzverhandlungen
anlässlich des G8-Gipfels aufgrund des Fehlens einer Pro-Kopf-Lösung,
wie sie in diesem Papier vorgestellt wird.

In entwickelten Volkswirtschaften kann der „Ökobonus" auf das Verrechnungskonto der – in Deutschland bereits lebenslang persönlichen –
Steuernummer ausgezahlt werden. Dank der immer weiteren Verbreitung
von Mikrokreditbanken haben die Menschen auch in Entwicklungsländern immer besseren Zugang zu Bankdienstleistungen.[1] Wo dies nicht der
Fall ist, kann vorübergehend der Staat die Mittel in Empfang nehmen
(möglicherweise mit der Auflage, den Ausbau von Mikrokredit- und anderen Bankdienstleistungen voranzutreiben) und dort, wo Regime kor-
rupt sind, können die Mittel an die Welthungerhilfe der Vereinten Nationen zur Sicherung der Mindestbedürfnisse für die betroffenen Menschen
überwiesen werden.

Wie sind die internationalen Förderer und Verkäufer zum Beispiel von
Kohle und Öl zu einer Mitwirkung zu bewegen? Durch ihre jeweilige
Regierung. Das ökonomische Argument lautet: Da die „Verteuerung"
durch den Erwerb der erforderlichen Emissionsrechte alle Marktteilneh-
mer betrifft, handelt es sich um eine Änderung der Faktorpreise, die von

---

[1] Wenige Wochen vor Drucklegung gerieten Mikrokredite negativ in die Schlagzeilen, da sich
Kreditnehmerinnen mit Kerosin übergossen und sich selbst angezündet hatten, weil sie die
Raten ihrer Darlehen nicht mehr zahlen konnten (FICHTER 2011). 1.) Setzt das in dieser Arbeit
vorgeschlagene Modell genau auch hier an: Der Druck von Kreditraten ist nicht mehr existenzbedrohend, wenn eine existenzsichernde Rückvergütung gezahlt wird. 2.) Das hier vorgestellte
Modell braucht die Mikrokreditbanken nicht. Sie werden hier lediglich erwähnt um aufzuzeigen, dass auch den Ärmsten der Armen auf kostengünstigste und aus der Rückvergütung
bezahlbaren Weise der Zugang zu Finanzdienstleistungen, sprich: zu einem Bankkonto, eröffnet werden kann.

allen Anbietern auf dem Wege höherer Absatzpreise letztlich an die Kunden weitergereicht wird (die einzelunternehmerische Gewinnsituation kann also ceteris paribus unverändert bleiben). Diese *tragen* somit – wie bei allen anderen Klimaschutzmaßnahmen auch[2] – die Kosten. Durch die dritte Ebene des Modells erfolgt dies sozial ausgewogen: Wer weniger verbraucht als ihm sein monetarisiertes Nutzungsrecht (in Form der Rückvergütung) an durchschnittlichem Verbrauch gestattet, hat hierdurch einen positiven finanziellen Nettoeffekt.

Politische und ökonomische Implikationen

Durch die Anwendung des Modells auf CO_2-Emissionen ist die Einhaltung der Klimaschutzziele systematisch gewährleistet und ein sparsamer (effizienter) Umgang mit der Atmosphäre als Umweltgut gesichert.

Nationale Regierungen können von operativen Eingriffen absehen und sich auf die **Setzung der Rahmenbedingungen** beschränken; die Dämmung von Häusern, die Anschaffung eines verbrauchsarmen Fahrzeuges und andere Maßnahmen im Sinne des Klimaschutzes werden ökonomisch vorteilhaft.

Ein weltweit einheitlicher Emissionspreis gibt Unternehmen mehr **Planungssicherheit** und sichert **Arbeitsplätze**, da Unternehmen die Produktion nicht mehr aufgrund unterschiedlicher Klimaschutzregime verlagern – auch das spart Geld und Ressourcen. **Unternehmerische Anreize** zur Erforschung und Verbreitung **CO_2-sparender Technologien** werden gestärkt.

Emissionsrechte werden dort verwendet, wo die Grenzvermeidungskosten am größten sind beziehungsweise wo mit einem bestimmten Ressourcenverbrauch der höchste ökonomische Wert für die Verbraucher geschaffen wird, der in Form hoher Zahlungsbereitschaft der Verbraucher und somit hoher Gebote im Auktionsverfahren (2. Ebene) zum Ausdruck kommt.

Klimaschutz wird so nicht nur ökonomisch vorteilhaft, sondern demokratisch mehrheitsfähig: Die **Rückvergütung der monetarisierten Knappheitsrente** garantiert jedem die Möglichkeit eines **durchschnittlichen Verbrauchs** des Umweltgutes beziehungsweise der unter seiner Nutzung produzierten Güter und Dienstleistungen. Niemand muss mehr

---

[2] Denn alle solche Maßnahmen stellen im Wertschöpfungsprozess Kosten dar, und alle Kosten des Wertschöpfungsprozesses werden von den Konsumenten – als Auftraggebern letztlich jeder Wertschöpfung – getragen.

Angst haben, aufgrund umweltschutzbedingt steigender Preise zu verarmen beziehungsweise nicht mehr mithalten zu können.

Der unterdurchschnittliche Nutzer tritt von seiner Nutzungsmöglichkeit teilweise zurück und erhält den ökonomischen Gegenwert dafür, dass er dem überdurchschnittlichen Nutzer dessen Mehrnutzung ermöglicht.

Ein Emissionspreis von 40 bis 50 US-Dollar pro Tonne würde bei einer erlaubten Emission von 20 bis 30 Mrd. Tonnen jährlich zu einer monatlichen Auszahlung in Höhe von etwa 12 bis 14 US-Dollar pro Kopf der Weltbevölkerung führen (bei einem Emissionspreis von 50 US-Dollar und einer erlaubten Emission von 20 Mrd. Tonnen gilt: 50 US-Dollar x 20 Mrd. Tonnen = 1 Bio. US-Dollar; 1 Bio. US-Dollar : 7 Mrd. Menschen ≈ 143 US-Dollar pro Jahr je Bürgerin und Bürger; 143 : 12 ≈ 12 US-Dollar pro Monat. Bei einem Emissionspreis von 40 US-Dollar und einer erlaubten Emission von 30 Mrd. Tonnen gilt bei Rückvergütung an 7 Mrd. Menschen: 30 Mrd. Tonnen x 40 US-Dollar = 1,2 Bio. US-Dollar; 1,2 Bio. US-Dollar : 7 Mrd. Menschen ≈ 170 US-Dollar pro Jahr je Bürgerin und Bürger; 170 US-Dollar : 12 Monate ≈ 14 US-Dollar im Monat). Für die Ärmsten der Armen bedeutet dies die Sicherung ihres Überlebens – und sie werden als Zielgruppe für die heimische und internationale Wirtschaft interessant.

Abstract:
Constraints and Operating Levels in International Climate Change Prevention

There are three major constraints for international climate protection:

1.) The emission of greenhouse gases is to be limited globally (PFEIFER 2011).
2.) The emission absorption capacity of the atmosphere as a "resource" must be used efficiently. Therefore, the resource should possess a global price.
3.) A world-wide per-capita solution is required, as agreed by German Chancellor Merkel and Indian Prime Minister Singh in 2007. Countries like China and India, whose participation is vital for climate change prevention, could otherwise not agree to join, as their economic growth does not allow them to reduce emissions compared to 1990 (Kyoto).

An approach from Institutional Economists (3-Level-Model):

1. Level (Sufficiency):
   Determining the maximum allowed level of global emissions (per annum) as a limitation ("Cap").
2. Level (Efficiency):
   Globally auctioning off the permitted volume determined on level one. Input orientation: Since the amount of CO_2 for each combusted carbon molecule is known, sellers of carbon (e. g. contained in oil and coal) must purchase an equivalent amount of emission rights (EISENBEISS 2008).
3. Level (Equivalence):
   The proceeds from level two are paid out per capita globally – for instance by a UN body.

Design and Challenges

The first two levels represent the known cap & trade model. Through the third level, the model responds to claims by German Chancellor Merkel and Indian Prime Minister Singh for a per-capita-solution, allowing China and India to join and in their own interest. In July 2008, negotiations on climate change prevention during the G8 summit failed, because India and China refused to accept the proposed policies due to a lacking per-capita-solution as it is outlined in this paper.

How can a global payout be realised? In developed economies, the payout or bonus can be paid to the clearing account corresponding to the personal tax number. Owing to a spreading microfinance system, also inhabitants of poor countries increasingly have access to banking services. In countries where this is not the case, the money could go to local governments to make sure people are fed and to install banking systems. In the case of corrupt regimes, the money for the population should go to UN bodies, for instance the United Nations World Food Programme (WFP), to ensure the minimum food and water supply to those in need.

How can global suppliers of fossil fuels be made to agree? By their governments. The economic argument is: since the obligation to purchase emission rights prior to the sale of fossil fuels hits all suppliers, it represents an increase of factor costs and will be – like all other costs of production and like all other climate measures – carried by consumers. Those consumers using less than average amount of a resource, will receive a financial net benefit through the disbursement (third level).

Political and Economic Implications

The application of such a model systematically ensures that climate protection parameters are observed globally and that CO_2 is used efficiently. The model enforces financial incentives for innovative technologies and both research and entrepreneurial initiative in climate protection.

National governments can abstain from trying to manipulate climate prevention measures on an operational level (such as through administrating low energy house and car programs etc.) and rather focus on a framework setting – an ordoliberal approach.

A single emission price, globally, provides corporations with increased planning reliability and secures jobs. Corporations are not forced to relocate production due to unequal emission and climate protection regimes. Because it does not increase costs in a single economy locally, it does not distort international competitiveness of a single nation.

Emission rights are being purchased by those who have the highest avoidance costs and those corporations who produce the highest eco-

nomic benefit for their customers by applying the most efficient use –
expressed through the ability to pay the highest auction price.
Climate protection does not only become economically beneficial but also
democratically feasible, as consumers do not fear to lose access to goods
and services through increased prices.

An emission price of 40 to 50 US-Dollars per each of the allowed 20
to 30 billion tons would yield a payment of about 12 to 14 US-Dollars per
capita globally. For the poorest, this results in the abandoning of hunger.

Inhaltsverzeichnis

1. Einleitung:
    Der Anstieg von Öl- und Nahrungsmittelpreisen
    bedroht Menschenleben   1

2. Emissionsrechte: Verschenken oder versteigern?   3

3. Anwendungsbeispiel zur Umsetzung innerhalb
    nationalstaatlicher Grenzen:
    Ein Vorschlag zur Kraftfahrzeugsteuerreform
    für die Bundesrepublik Deutschland   13

4. Anwendungsbeispiel zur Umsetzung innerhalb
    europäischer Grenzen:
    Die Atmosphäre als Gemeingut
    Zur Zukunft des Europäischen Emissionshandels   17

5. Ein globaler ordnungspolitischer Ansatz
    zur Einhaltung der Klimaschutzziele   27

6. … und zur Lösung des Welternährungsproblems   37

7. Ökosteuer, Ökosteuerbonus („Negative Ökosteuer")
    und Ökosteuerfreibetrag – eine Einordnung   39

8. Offene Fragen   43

9. Zusammenfassung   49

Literatur   51

1. Einleitung: Der Anstieg von Öl- und Nahrungsmittelpreisen bedroht Menschenleben

„Der Menschheit steht alles zur Verfügung, was sie zur Lösung des Weltklimaproblems benötigt: das Wissen, die Ressourcen und das Kapital. Nur sind sie heute so verteilt, dass keine Lösung zustande kommt" (EISENBEISS 2008). Daraus leitet sich die Forderung an die Wissenschaft ab, nach Ansätzen für eine Lösung des Problems zu suchen. Weltweit wird jährlich eine Menge an Nahrungsmitteln geerntet, die für die Ernährung von 12 Mrd. Menschen ausreicht. Die Ursache für den Welthunger liegt somit nicht in der Knappheit an Nahrungsmitteln (RIES 2009).

Zunehmend werden Grundnahrungsmittel in der Kraftstoffproduktion eingesetzt. Hierbei gilt: Die für eine Tankfüllung benötigte Menge beispielsweise von Mais genügt für die Sicherung des Nahrungsmittelbedarfs eines Menschen für ein Jahr. Drei Viertel des weltweiten Zuwachses des Maisanbaus im Jahr 2007 wurden für die Herstellung von Kraftstoff verwendet. Im gleichen Jahr stieg die Zahl der Menschen ohne ausreichende Nahrungsmittel um 65 auf 923 Mio.

Ein Grund hierfür ist die finanzielle Vorteilhaftigkeit einer Verwendung der Nahrungsmittel als Kraftstoff in den Industrienationen gegenüber einer Verwendung als Nahrungsmittel für die einkommensschwachen Haushalte der Erde. Mit anderen Worten: Verfügten die betroffenen Menschen über die erforderliche Kaufkraft, würden die betriebswirtschaftlich erzielbaren Erlöse aus der Verwendung als Nahrungsmittel so lange über denen aus der Verwendung als Brennstoff liegen, bis alle Menschen zumindest über die für ihr Überleben erforderlichen Nahrungsmittel verfügen.

Das in dieser Studie vorgestellte Modell lässt sich nicht nur auf CO_2 anwenden, sondern grundsätzlich auch auf beinahe jede beliebige Ressource. Da es sich beim Ressourcenmanagement um eine nur weltweit gemeinschaftlich lösbare Aufgabe handelt, stärken das Klimaproblem und ein globaler Lösungsansatz das sich bildende weltweite Problembewusstsein.

Mit Blick auf die sich weltweit zuspitzende Ernährungssituation gilt, dass eine Verwendung pflanzlicher Rohstoffe als Nahrungsmittel sinnvoller ist als eine Verwendung als Kraftstoff. Mit Blick auf den Klimaschutz gilt indessen: Die Verbrennung von Pflanzenöl ist ökologisch verträglicher und damit „besser" für das Klima als die Verbrennung fossiler Kraftstoffe.

Gefragt ist also ein ordnungspolitischer Ansatz: Ein ordnungspolitisches Modell, das beide Probleme zu lösen vermag. Wie kann systematisch gesichert werden, dass vor beziehungsweise bei der Verbrennung von Pflanzenöl zugleich das Überleben der Menschen gesichert ist? Wie kann dabei die Verwendung von Pflanzenölen als Kraftstoff auch ökonomisch vorteilhafter gestaltet werden als die Verwendung fossiler Brennstoffe wie Kohle, Öl und Gas?

Der weltweite Anstieg insbesondere des Ölpreises hat im Jahr 2008 zu einer dramatischen Entwicklung der Preise für Grundnahrungsmittel an den Weltmärkten geführt. Doch auch wenn Ressourcenpreise sinken – beispielsweise in wirtschaftlichen Krisen – nehmen Hunger und Armut zu (DUGGE 2009). Wenn auch der Ölpreis zwischenzeitlich einmal sinkt, so ist doch angesichts der knappen Ressource und steigender weltweiter Nachfrage im Trend mit einem weiter ansteigenden Preis zu rechnen. Dieser wirkt sich insbesondere auf zwei Wegen auf die Nahrungsmittelpreise aus:

1.) Der Preisanstieg für Düngemittel und Logistik (SHEERAN 2008 und SONNLEITNER 2008).
2.) Der Preisanstieg für alternative Kraftstoffe, insbesondere Pflanzenöle, die aus Grundnahrungsmitteln gewonnen werden.[1]

Jean Ziegler, UN-Sonderbeobachter für das Recht auf Nahrung, und die Bundesministerin für wirtschaftliche Zusammenarbeit und Entwicklung Heidemarie Wieczorek-Zeul fordern ein mehrjähriges Moratorium, das die Verwendung von Pflanzen zur Kraftstoffproduktion unterbindet. Angesichts der drohenden Klimaveränderungen wird Pflanzenöl jedoch als ein wichtiger Energieträger der Zukunft betrachtet. Die Automobilindustrie hat sich gerade erst darauf eingestellt, was die Aussichten für die Umsetzung eines Moratoriums gering erscheinen lässt. Die ebenfalls dramatische Entwicklung des Klimawandels erfordert eine Alternative zu fossilen Brennstoffen. Wie sind beide – Erderwärmung und Ernährungsproblem – gleichzeitig in den Griff zu bekommen?

Das hier vorgestellte Modell erscheint geeignet, sowohl die erforderliche Reduktion umweltschädlicher Emissionen zu impulsieren als auch die Welthungersituation auch ohne Moratorium so entscheidend zu verbessern, dass künftig kein Mensch mehr an Unterernährung sterben muss.

---

[1] Die Gründe für den Anstieg der Nahrungsmittelpreise sind zahlreich. Zu den Hauptgründen zählen neben dem Anstieg der Preise für fossile Brennstoffe – die durch die steigende Nachfrage nach ölhaltigen Agrarerzeugnissen auf die Preise für Nahrungsmittel durchschlagen – die Reduktion von Anbauflächen, die Zerstörung regionaler Wirtschaftskreisläufe, Ernteausfälle durch Klimaveränderungen sowie Monokulturen auf Energiepflanzen-Plantagen.

2. Emissionsrechte:
   Verschenken oder versteigern?

Ökonomik des Klimas

Aus umweltökonomischer Sicht kommt es zu einem Umweltproblem, wenn durch Produktion bzw. Konsum eines Gutes **negative externe Effekte** (z.B. BARTEL /HACKL 1994, S. 8; BARTMANN 1996, S. 36; GRAICHEN 2001, S. 23) auftreten. Der Schaden entsteht dabei einem anderen als dem, der das Umweltproblem verursacht. Dies ist auch beim anthropogenen Treibhauseffekt der Fall. Die Emittenten von Treibhausgasen wirken mit ihren Emissionen auf das Weltklima, beziehen die negativen Folgen jedoch nicht in ihre Entscheidungen ein, da der Anteil der Folgen ihres Handelns, der auf sie zurückfällt, viel zu gering ist (in zeitlicher und räumlicher Dimension).

Wie Nicholas Stern (STERN et al. 2006) in seinem Bericht ausgerechnet hat, ist eine konsequente, vorbeugende und sofortige Klimaschutzpolitik weitaus kostengünstiger als die anschließende Behebung der Schäden. Während konsequente Klimapolitik etwa 1 % (aktualisiert in STERN 2008: 2 %) des Welt-BIP erfordert, wären für die Schadensbehebung 5-20 % nötig.

Es liegt bei einem externen Effekt also ein Marktversagen vor; der Markt führt nicht die bestmögliche Lösung herbei. Dies rechtfertigt in der Ökonomie das Eingreifen des Staates. Seine Aufgabe ist es, die gesamtgesellschaftlichen Kosten zu minimieren und die optimale Menge an Emissionen herbeizuführen (vgl. BARTMANN 1996, S. 80 ff.).

In der Praxis ist dieses Optimierungsproblem jedoch sehr schwer zu lösen, da dies voraussetzt, dass der Verlauf der Kostenkurven bekannt ist und der Schaden monetär messbar ist. Dies ist in der Realität jedoch mit großen Schwierigkeiten verbunden (BARTMANN 1996, S. 44), weshalb es einfacher ist, das Niveau festzulegen, das sich nach den Aufnahme- und Reproduktionskapazitäten der ökologischen Systeme richtet, im Fall von Treibhausgasemissionen nach der klimaverträglichen Aufnahmekapazität der Atmosphäre für Treibhausgase (GRAICHEN 2001, S. 26). Oder es ergibt sich aus der gesellschaftlichen Debatte, in die noch weitere Überlegungen einfließen als die Klimaverträglichkeit (BARTMANN 1996, S. 81). Beispielsweise die Ergebnisse aus dem oben genannten Stern-Review (STERN et al. 2006).

Für die Durchsetzung dieses politisch festgelegten **Emissionsniveaus** sollte aus ökonomischer Sicht dann ein Instrumentarium angewendet werden, das die geringsten volkswirtschaftlichen Kosten verursacht. Die Aufgabe der Klimapolitik ist es also, die volkswirtschaftlichen Gesamtkosten zur Erreichung eines politisch festgelegten Emissionsniveaus zu minimieren. Diese Aufgabe impliziert drei Kriterien: Die eingesetzten Instrumente müssen zum vorgegebenen ökologischen Ziel führen, also ökologisch effektiv sein. Sie müssen dies zu minimalen gesamtgesellschaftlichen Kosten tun, also wirtschaftlich effizient sein. Und das Instrument muss politisch praktikabel sein. Dazu gehört unter anderem, dass es in seiner Verteilungswirkung als gerecht empfunden wird, damit es demokratisch akzeptiert wird. Ein geeignetes klimapolitisches Instrument muss also die drei folgenden Kriterien erfüllen (GRAICHEN 2001, S. 27; BETZ/SATO 2006, S. 351)[2]:

1. ökonomische Effizienz
2. ökologische Effektivität/Treffsicherheit und
3. politische Praktikabilität

Handelbare Emissionsrechte

In der Umweltökonomik gibt es verschiedene Instrumente, wobei die handelbaren Emissionsrechte als das Instrument angesehen werden, das die drei Kriterien am besten erfüllt.[3]

Bei **handelbaren Emissionsrechten** wird ein Markt für Emissionsrechte eingeführt. Die Regierung vergibt dabei Emissionsrechte in der Menge ihres umweltpolitischen Ziels und für einen bestimmten Zeitraum. Es handelt sich also um einen mengenpolitischen Ansatz, da die Gesamtmenge an Emissionsrechten festgelegt ist. Emittenten müssen dann entsprechend ihrer Emissionen Zertifikate besitzen oder gegebenenfalls kaufen. Durch Angebot und Nachfrage von Zertifikaten bildet sich ein Preis auf dem Markt für Emissionsrechte, der entsprechend der Knappheit höher oder niedriger ist.

Vorteil von Emissionsrechten ist ihre hohe ökologische Treffsicherheit und ihre hohe ökonomische Effizienz: Je nach individueller Vermeidungskostenstruktur kann jeder Emittent entweder Zertifikate kaufen oder Emis-

---

[2] Es gibt in der Literatur noch weitere Kriterien, die bei einer umfangreicheren Analyse ebenfalls herangezogen werden können (BARTEL/HACKL 1994, S. 37; WICKE 1993, S. 437).
[3] Zum Vergleich der Instrumente siehe z.B. BARTEL/HACKL 1994, S. 37-50; GRAICHEN 2001.

sionen vermeiden. Somit werden Emissionen dort eingespart, wo es am günstigsten möglich ist, also gesamtwirtschaftlich effizient (BARTEL/HACKL 1994, S. 36, 41 f.; WICKE 1993, S. 383 ff.).

Das Problem bei Emissionsrechten ist die relativ geringe Praxiserfahrung. Es gibt bisher nur wenige Emissionshandelssysteme (in der EU, in Neuseeland, in Teilen der USA), einige neue sollen bald eingeführt werden (z.B. in Australien, in Teilen der USA und Kanadas). Dabei sind viele Fragen der Ausgestaltung noch offen.

Emissionsrechte verschenken oder versteigern?

Eine wichtige Frage der praktischen Umsetzung eines Emissionsrechte-Systems ist die der Ausgabe der Rechte: Wie gibt die Regierung die Emissionsrechte an die Emittenten aus? In diesem Kapitel werden zwei Ausgabeverfahren anhand der drei Kriterien analysiert: das Verschenken und das Versteigern. Es werden die wichtigsten Aspekte der beiden Vergabearten aufgezeigt. Wobei gleich vorweg gesagt werden muss, dass es weitere Zwischenformen der Vergabe gibt, die hier jedoch der Einfachheit halber nicht betrachtet werden.

Emissionsrechte verschenken

Beim Verschenken der Emissionsrechte, also deren kostenloser Ausgabe, vergibt der Staat die Emissionsrechte an die Emittenten durch Zuteilung. Eine gängige Methode ist die Zuteilung an die Unternehmen nach Emissionsmenge eines bestimmten **Basisjahres** (Grandfathering) (z.B. BUTZENGEIGER et al. 2001, S. 31 f.). Es sind jedoch auch andere Methoden denkbar: z.B. die Zuteilung nach der wirtschaftlichen Leistung, also dem Output, oder das Benchmarking, das sich am neuesten Stand der Technik orientiert und die dazu notwendige Menge an Emissionsrechten zuteilt (MATTHES/NEUHOFF 2007, S. 11 f.).

Ökonomische Effizienz

Bei einer solchen Erst-Allokation durch den Staat ist der **Handel** von Emissionsrechten zwischen den Emittenten **auf einem Sekundärmarkt** zwingend notwendig, wenn ökonomische Effizienz bei der Allokation erreicht werden soll: Wenn die durch Zuteilung vergebenen Emissionsrechte die Unternehmen z.B. zu einem gewissen Prozentsatz (kleiner als 100 %) der Emissionen eines Basisjahres berechtigen, so müssen alle Unternehmen ihre Emissionen zunächst um den gleichen Prozentsatz reduzieren. Dass dies nicht effizient ist, liegt an den unterschiedlichen Grenzvermeidungskosten der Unternehmen. Für jedes Unternehmen ist es unterschiedlich kostenintensiv, die Emissionen zu senken, sei es durch Entwicklung oder Einkauf emissionsärmerer Technologien oder durch Reduzierung der Produktion von emissionsintensiv produzierten Gütern.

Es ist **gesamtwirtschaftlich effizient**, wenn die Unternehmen Emissionen dort reduzieren, wo dies am kostengünstigsten möglich ist. Und dies ermöglicht der Handel. Denn von der zunächst prozentual gleichen Reduzierungslast kann man durch Zukauf oder Verkauf von Emissionsrechten je nach Kostenstruktur abweichen. Unternehmen, für die es günstiger ist, die Emissionen zu reduzieren, werden ihre Emissionsrechte zum Teil verkaufen und am Markt anbieten. Unternehmen, die zum vorherigen Emissionsniveau weiterproduzieren wollen oder die Produktion ausdehnen wollen, werden Emissionsrechte zukaufen und am Markt nachfragen. Der Preis wird sich so einpendeln, dass der Markt geräumt wird.

Problematisch bei der Verschenkung ist, dass sie keinen **wettbewerbsneutralen Kriterien** folgt. Der **Marktzutritt** müsste zumindest separat geregelt werden, da neue (emissionsärmere) Unternehmen sonst keine Emissionsrechte bekommen könnten, ohne erhebliche Wettbewerbsnachteile zu erleiden. Denn sie müssten im Gegensatz zu bereits bestehenden Unternehmen alle benötigten Emissionsrechte am Markt von anderen Unternehmen kaufen. Sie würden den Marktzutritt unterlassen, obwohl sie zu geringeren Kosten Emissionen reduzieren könnten, und würden somit zu gesamtwirtschaftlicher Ineffizienz beitragen. Würden für neue Unternehmen jedoch zusätzliche Emissionsrechte ausgegeben, würde die zuvor festgelegte Gesamtmenge überschritten und die ökologische Effektivität untergraben.

Zudem erfolgt durch die Verschenkung nach historischem Emissionsverhalten keinerlei Berücksichtigung oder „Belohnung" der vorangegangenen **Bemühungen** von Unternehmen, ihre **Emissionen zu reduzieren**. Unternehmen, die in der Vergangenheit keine Maßnahmen ergriffen haben, ihre Emissionen zu reduzieren, ziehen daraus sogar einen Vorteil, da sie größere Mengen an Emissionsrechten zugeteilt bekommen. Die Verschenkung nach historischem Emissionsverhalten setzt bei erwarteter Preissteigerung für Emissionsrechte, und wenn das Basisjahr für die Zuteilung periodisch angepasst wird, sogar Anreize, die Emissionen kurzfristig zu erhöhen und Reduktionspotentiale nicht auszunutzen (HEPBURN et al. 2006, S. 143; MATTHES/NEUHOFF 2007, S. 13 f.). In diesem Fall spricht man von einem **Updating Dilemma** (BETZ/SATO 2006, S. 352 ff.). Auch dies senkt die gesamtwirtschaftliche Effizienz.

Bei der Verschenkung entstehen außerdem erhebliche **Transaktions-kosten** sowohl für den Staat, der die Allokation und die Kontrolle vornehmen muss, als auch für die Emittenten, die ein Interesse daran haben, in Lobbyarbeit dazu beizutragen, dass ihre Branche reichlich mit Emissionsrechten ausgestattet wird (HEPBURN et al. 2006, S. 143 f.).

Politische Praktikabilität

Zudem ist bei der kostenlosen Vergabe an die Unternehmen zu bedenken, dass diese die aktuellen Marktpreise der Emissionsrechte als Opportunitätskosten in ihre Produktpreise verrechnen, obwohl sie selbst nicht für die Emissionsrechte zahlen müssen. Denn sie könnten alternativ zur eigenen Verwendung der Emissionsrechte diese am Markt verkaufen und dafür Einnahmen erzielen, auf die sie bei eigener Verwendung verzichten müssen. Ob dies zu höheren Produktpreisen führt, hängt von der Marktmacht des Unternehmens ab. Dieses Problem spielt insbesondere auf dem oligopolistischen und national organisierten Strommarkt eine Rolle, da dort keine Konkurrenz für ein Sinken der durch Verrechnung der **Opportunitätskosten** gestiegenen Preise sorgt. Die höheren Preise führen dort zu sogenannten **Windfall Profits** und finden somit Eingang in den Gewinn der Unternehmen (MATTHES/NEUHOFF 2007, S. 20; SIJM et al. 2005, S. 38). Es entsteht also eine ökonomische Rente für die Emittenten. Diese **Verteilungswirkung** führt dazu, dass das System auf geringe Akzeptanz von Seiten der Konsumenten stößt, dagegen die Energiekonzerne ein starkes Interesse an der Verschenkung haben.

Ebenfalls ein Problem der praktischen Durchführung ist die Erfassung der historischen Emissionsmengen und die Zuteilung an die Unternehmen. Beides ist mit großem bürokratischem Aufwand verbunden und führt zu **Transaktionskosten** (HEPBURN et al. 2006, S. 143 f.).

Die Allokation bei der Verschenkung ist also mit hohen **Transaktionskosten** verbunden, führt zu einer *ineffizienten Allokation* und hat **Verteilungswirkungen**, die als ungerecht empfunden werden und die **Akzeptanz des Systems verschlechtern** (siehe Tabelle 1, S. 11).

Ökologische Effektivität

Ein weiteres Problem ist die Einbeziehung anderer als industrieller Emissionen in das Emissionsrechte-System. Es ist zwar möglich, die Emissionen von Unternehmen zu kontrollieren, nicht aber die CO_2-Emissionen von

Einzelfahrzeugen oder sonstige Emissionen durch Privathaushalte, bzw. nur unter enormem Messungsaufwand. Solange diese aber nicht mit einbezogen werden, ist die zuvor angenommene **ökologische Effektivität** nicht gegeben. Der Anteil des Verkehrssektors an den gesamten CO_2-Emissionen beträgt 27 % (UNFCCC 2006, S. 15). Sie könnten jedoch einbezogen werden durch eine Quellerfassung, die sogenannte Upstream-Erfassung (RAHMEYER 2004, S. 8) (bei der Förderung, dem Import von kohlenstoffhaltigen Energieträgern oder an der Tankstelle) oder durch andere umweltpolitische Instrumente (EISENBEISS 2007).

Emissionsrechte versteigern

Die zweite Möglichkeit der Vergabe ist eine Versteigerung der Emissionsrechte durch die Regierung. Das Angebot ist die feste, preisunelastische Gesamtmenge an Emissionsrechten, die Nachfrage setzt sich aus den Geboten der Unternehmen, also deren Zahlungsbereitschaft für verschiedene Mengen zusammen (gewünschter Preis-Mengen-Kombinationen). Daraus wird ein **Gleichgewichtspreis** ermittelt, zu dem die Emissionsrechte dann vergeben werden.[4] Die Gebote der Unternehmen entsprechen ihren **Grenzvermeidungskosten**, denn wenn der **Preis** für Emissionsrechte höher ist als die Grenzvermeidungskosten, ist es für die Unternehmen günstiger, Emissionen zu vermeiden; wenn er niedriger ist, wird das Unternehmen Emissionsrechte kaufen und weiter emittieren. Das Vergabekriterium ist hier also die **Zahlungsbereitschaft** (abhängig von den Grenzvermeidungskosten) und nicht das historische Emissionsverhalten.

Ökonomische Effizienz

Ökonomische Effizienz wird bei der Versteigerung von Anfang an auf dem **Primärmarkt** erreicht (nicht erst auf dem Sekundärmarkt), da die Grenzvermeidungskosten der Unternehmen die Entscheidungsgrundlage für die Gebote und somit für die Allokation sind.

Da die Effizienz der Allokation bereits auf dem Primärmarkt bei der Versteigerung erreicht wird, ist der **Handel**, im Gegensatz zur Verschenkung, nicht mehr notwendig, aber durchaus möglich. Dann allerdings nur noch zur Unterstützung, zur Nachbesserung bei der Effizienz.

---

[4] Es ist auch möglich, die Preise zu staffeln, indem in mehreren Versteigerungsrunden die gesamte Zahlungsbereitschaft der Unternehmen abgeschöpft wird (MATTHES/NEUHOFF 2007, S. 31 f.).

Im Gegensatz zur Verschenkung gibt es bei der Versteigerung keine kostenlose Anfangsausstattung für die Emittenten. Alle Emittenten müssen ihre Emissionsrechte in voller Höhe kaufen. Aus Gründen der **Wettbewerbsgerechtigkeit** ist die Versteigerung also zu bevorzugen, da keine Wettbewerbsverzerrung bei Marktzutritt besteht (BUTZENGEIGER et al. 2001, S. 30). Jeder Emittent kann unabhängig vom Zeitpunkt seines Marktzutritts zu gleichen Bedingungen Emissionsrechte ersteigern. Dies ermöglicht eine bessere Berücksichtigung aller Grenzvermeidungskosten (auch der Neuemittenten) und steigert somit die Effizienz der Allokation.

Bei der Versteigerung gibt es im Gegensatz zum Verschenken keinen Vorteil für Emittenten, die in der Vergangenheit keine emissionsreduzierenden Maßnahmen durchgeführt haben; es werden sogar diejenigen bevorteilt, die jetzt schon emissionsarm produzieren und somit relativ zum Produktionsniveau weniger Emissionsrechte ersteigern müssen (HEPBURN et al. 2006, S. 143). Hier besteht also ein **Anreiz, die Emissionen sofort zu reduzieren**. Und dies geschieht dort, wo die Grenzvermeidungskosten am geringsten sind, also gesamtwirtschaftlich effizient.

Die Transaktionskosten sind bei der Versteigerung relativ gering. Die Versteigerung benötigt zwar Institutionen zur Versteigerung und zur Kontrolle, dafür aber keine zur Allokation (MATTHES/NEUHOFF 2007, S. 41 f.).

Politische Praktikabilität

Im Unterschied zur Verschenkung fließen dem Staat **Einnahmen aus der Versteigerung** zu, und für die Unternehmen stellen Emissionsrechte bei der Versteigerung tatsächliche Kosten dar (es kommt also zu keinen **Windfall Profits**). Der Staat muss dann entscheiden, was mit den Einnahmen gemacht wird. Sie können verwendet werden, um andere verzerrende Steuern zu senken (RAHMEYER 2004, S. 9) oder um in die Entwicklung ökologischer Technologien zu investieren. Oder sie können pro Kopf an die Bevölkerung rückverteilt werden und so einen Ausgleich für die gestiegenen Preise bieten (BUTZENGEIGER et al. 2001, S. 31; MATTHES/NEUHOFF 2007, S. 21). Die Einnahmen ermöglichen also bei sinnvoller Verwendung eine **doppelte Dividende** des Emissionsrechtesystems: Es führt zu einer effizienten Reduzierung der Emissionen und zu den eben genannten weiteren Vorteilen.

Ein weiteres Problem, das oft genannt wird, ist der **Enteignungscharakter** der Versteigerung, wenn unerwartet ein Preis für bisher kostenfreie Emissionen eingeführt wird, die Unternehmen aber ihre Investition im guten Glauben an den Fortbestand der kostenlosen Emissionen getätigt haben. Dies spricht für eine schrittweise Einführung der Versteigerung, ist aber kein unumgängliches Argument dagegen (BUTZENGEIGER et al. 2001, S. 30; HEPBURN et al. 2006, S. 142).

Die relativ geringen **Transaktionskosten** tragen ebenfalls zur besseren Akzeptanz von Seiten der Steuerzahler bei.

Ökologische Effektivität

Wie beim Verschenken werden weiterhin nur **industrielle Emissionen** berücksichtigt, wobei die CO_2-Emissionen des Verkehrs und der privaten Haushalte auch hier durch Quellenerfassung (siehe oben, S. 5) einbezogen werden könnten.

Zusammenfassung

Die Versteigerung vermeidet also einige der Verzerrungen, die bei der Verschenkung auftreten (Wettbewerbsverzerrung bei Marktzutritt, Windfall Profits, Anreize, die Emissionen kurzfristig zu erhöhen), ohne dabei das Preis-Signal der Emissionsrechte und folglich die reduzierende Wirkung auf das Emissionsverhalten aufzuheben. Das Reduktionsziel wird auf einem effizienteren Weg als bei der Verschenkung erreicht. Die Einnahmen können an anderer Stelle zur Entlastung der Bevölkerung eingesetzt werden und somit zu einer höheren Akzeptanz beitragen (siehe Zusammenfassung in Tabelle 1, S. 11).

Aufgabe der Klimapolitik ist es, die externen Effekte der Treibhausgasemissionen zu internalisieren, indem sie ein Emissionsziel mit geeigneten Instrumenten zu minimalen gesellschaftlichen Kosten erreicht. Die Wahl der Instrumente sollte sich daher im Wesentlichen nach **drei Kriterien** richten: ökonomische Effizienz, ökologische Effektivität und politische Praktikabilität.

Handelbare Emissionsrechte haben sich als das einzige Instrument herausgestellt, das sowohl ökonomisch effizient als auch ökologisch effektiv ist und somit die Kriterien am besten erfüllt. Es ist ökonomisch **effizient** in der Allokation, da die Grenzvermeidungskosten der Emittenten berücksichtigt werden, und es ist ökologisch **effektiv**, da die Gesamtmenge an Emissionen von vornherein festgelegt wird und von der Politik steuerbar ist. Jedoch ist dieses Instrument in der Praxis noch wenig erprobt.

	VERSCHENKEN	VERSTEIGERN
Vergabekriterium	Emissionen eines Basisjahres	Aktuelle Zahlungsbereitschaft (Grenzvermeidungskosten)
Effizienz	Durch Handel auf **Sekundärmarkt**, **Preisbildung auf Sekundärmarkt**	Auf **Primärmärkten**, Sekundärmarkt zur Unterstützung möglich, Preisbildung v.a. bei Versteigerung
	Wettbewerbsverzerrung bei Marktzutritt, Notwendigkeit einer separaten Regelung	Keine Wettbewerbsverzerrung bei Marktzutritt
	Anreiz, kurzfristig Emissionen zu erhöhen, Updating Dilemma	Anreiz, Emissionen sofort zu **reduzieren**
Effektivität	Eingeschränkt, wenn **nicht alle Sektoren** einbezogen	Eingeschränkt, wenn **nicht alle Sektoren** einbezogen
	Keine Einnahmen für Staat: keine doppelte Dividende möglich	Einnahmen für Staat: **Doppelte Dividende**, wenn Einnahmen sinnvoll eingesetzt
	Anreiz, kurzfristig Emissionen zu erhöhen, um mehr Emissionsrechte zugeteilt zu bekommen	Setzt Anreiz, sofort Emissionen zu reduzieren
Praktikabilität	Transaktionskosten: Aufstellen/Überprüfen von Kriterien für Zuteilung sehr bürokratisch und aufwändig	Transaktionskosten: Notwendigkeit einer Versteigerungsstelle und einer Kontrollinstanz
	Windfall Profits senken Akzeptanz, Preise steigen, wenn zu wenig Wettbewerb, ökonomische Rente an Emittenten	**Einnahmen für die Gemeinschaft** erhöhen Akzeptanz, Preise steigen, ökonomische Rente an Staat
		Verfassungsrechtliches Problem der „**Enteignung**" erfordert langsame Einführung

Tabelle 1: Verschenken und Versteigern als Vergabeverfahren für Emissionsrechte

Eine wichtige Frage der praktischen Ausgestaltung ist die **Wahl der Vergabeart** der Emissionsrechte an die Emittenten (**Verschenken oder Versteigern**). Die Verschenkung nach Emissionsverhalten eines (angepassten) Basisjahres (Grandfathering) führt zu einigen **Verzerrungen**, die bei der Versteigerung vermieden werden können (Windfall Profits, Wettbewerbsverzerrungen bei Marktzu- und Marktaustritt, Anreiz Emissionsminderungen hinauszuzögern ...). Ein weiterer Vorteil der Versteigerung ist die Erzielung von **Einnahmen für den Staat**, die bei zielgerichteter Verwendung zu einer doppelten Dividende führen können. Aus diesen Gründen ist die Versteigerung der Verschenkung von Emissionsrechten vorzuziehen.

Damit das System effektiv und effizient ist, müssen zudem alle Sektoren (evtl. mit einer Upstream-Erfassung) und **alle Treibhausgase**, die wie CO_2 auch Globalschadstoffe sind, einbezogen werden.

Es sind zurzeit mehrere (subglobale) **Emissionshandelssysteme in Planung**, die bei Verbindung untereinander zu einem **weltweiten Emissionshandelssystem** ausgebaut werden könnten. Dies scheint bei den momentanen Schwierigkeiten der globalen klimapolitischen Vereinbarungen ein gangbarerer Weg zu sein als sofort auf eine globale Vereinbarung zu setzen.

3. Anwendungsbeispiel zur Umsetzung innerhalb nationalstaatlicher Grenzen:[5] Ein Vorschlag zur Kraftfahrzeugsteuerreform für die Bundesrepublik Deutschland

Die Kfz-Steuer wurde vor rund einhundert Jahren in Hessen als Luxussteuer eingeführt. Bislang ist sie eine Steuer, deren Sätze zwar für alle in Deutschland zugelassenen Kraftfahrzeuge gleichermaßen gelten; die Einnahmen fließen aber in die Kassen der Bundesländer. Seit Jahrzehnten scheitert eine grundlegende Reform an den widerstreitenden Interessen der Bundesländer und dem Bund. Sollte die Kfz-Steuer im Rahmen der erneut angestrebten Reform in die Kompetenz des Bundes übergehen, verlangen die Länder eine finanzielle Kompensation. Bei einer solchen, rein fiskalischen Betrachtungsweise, entstehen hierdurch noch keine Anreize zu Sparsamkeit und damit zu einem möglichst geringen Ausstoß von CO_2. Das Finanzaufkommen aus der Kfz-Steuer umfasst etwa acht Milliarden Euro jährlich.

Durch die Anwendung des Modells könnte die veraltete und verwaltungsaufwändige Kfz-Steuer abgeschafft werden. Im Gegenzug würde eine CO_2-Abgabe auf Treibstoffe – pro Liter z.B. 12 –15 Eurocent – erhoben werden. Bei 63 Mrd. Litern Kraftstoff pro Jahr wird hierdurch ein Aufkommen etwa in Höhe des bisherigen Kfz-Steueraufkommens erreicht. Dies wäre eine sinnvolle Steuersenkung und würde die Fiskal- und Umweltpolitik in Einklang bringen.

Am Jahresende würden dann die Einnahmen aus der CO_2-Abgabe an die Bürger pro Kopf – als Ökobonus – rückvergütet. Bei rund achtzig Millionen Einwohnern entspräche dies einem Ökobonus in Höhe von 100,- Euro jährlich pro Kopf; eine vierköpfige Familie erhielte hierdurch 400,- Euro.

Administrativ könnte die Auszahlung über die 2007 eingeführte Steueridentifikationsnummer rationell erfolgen.

---

[5] In den USA wird die Anwendung innerhalb nationalstaatlicher Grenzen diskutiert. Äußerungen von US-Präsident Obama gehen in diese Richtung (htpp://www.usbig.net/newsletters/ 49Summer2008.html#4._A_NEW_MOVEMENT_LINKS_CO2_LIMITS_TO_A).

Der Bürger entscheidet souverän als Konsument, wofür er den Ökobonus ausgibt. Es ist dem Bürger zuzutrauen, dass er den Ökobonus für ressourceneffizient und damit kostengünstiger hergestellte und preiswerter angebotene Produkte ausgeben wird.

CO_2-Abgabe und Ökobonus könnten schrittweise auf Flugbenzin, Heizöl, Erdgas, Kohle sowie auf Atomkraft ausgeweitet werden und so zu einer ökologisch nachhaltigen Lebens- und Wirtschaftsweise führen.

Dadurch könnte sich jeder Bürger den durchschnittlichen Ressourcenverbrauch leisten, im Rahmen der durch die erste Ebene begrenzten Möglichkeiten: bundesweit wie auch (prinzipiell) weltweit.

Alle beteiligten Wirtschaftsakteure, Produzenten, Händler, Banken und Konsumenten hätten daran ein Interesse, sich innerhalb dieses ordnungspolitischen Rahmens markt- und damit umweltkonform zu verhalten.

In dieser Weise argumentiert auch Professor James Hansen,[6] den das TIME Magazin zu einem der 100 einflussreichsten Menschen erklärt.

In der ZEIT vom 20.11.2008, S. 39, spricht er sich in dem Interview „Wir müssen an die Kohle ran" für das Drei-Ebenen-Modell aus – auch wenn er hierzu noch nicht zwischen Steuern und Abgaben unterscheidet.

„HANSEN: Wir müssen Alternativen zu den fossilen Energien entwickeln. Dafür hätten wir allerdings schon längst einen hohen Preis für den Ausstoß von CO_2 schaffen müssen. Ich weiß, das ist schwierig, vor allem dann, wenn Öl ohnehin teuer ist. Aber der Ölpreis geht rauf und runter. Sinkt er, sollte man die Steuer erhöhen. Vor allem finde ich, das Steueraufkommen sollte den Bürgern zu 100 Prozent erstattet werden. Dann hätten sie neues Geld, um energieeffiziente Technik und alternative Energien zu bezahlen.

ZEIT: Sie wollen Zustimmung kaufen.

HANSEN: Nein, ich will verhindern, dass die Bürger wütend werden und die Regierung zu Fall bringen. Wenn die Steuer wirken soll, muss sie nämlich hoch sein, also wehtun. Heute ist Energie immer noch relativ billig, gemessen an unseren Einkommen. Als allerdings der Preis für eine Gallone Benzin in den USA vor einiger Zeit von einem auf vier Dollar stieg, war der Effekt enorm: Die großen Geländewagen waren auf einmal nicht mehr sehr beliebt. Solch einen drastischen Anstieg

---

[6] http://www.columbia.edu/~jeh1/mailings/20080604_TaxAndDividend.pdf

müsste auch die Steuer bewirken. Sie müsste allerdings stufenweise eingeführt werden, damit die Menschen sich anpassen können. Unternehmer würden die Entwicklung in Richtung sauberer Energie vorantreiben."

Da weder Deutschland noch die EU oder die UNO derzeit in der Lage sind, fossile Brennstoffe mit einer Abgabe an der Quelle zu belegen, ist dies am jeweiligen Ort des Konsums erforderlich, sofern dies politischer Wille ist. Die erforderliche Reform der Kfz-Steuer bietet in Deutschland die Chance, einen ersten konzeptionellen Schritt in die notwendige Richtung zu unternehmen. Angesichts des voranschreitenden Klimawandels wird die Zeit knapp, um mit den bislang als „frei" geltenden Umweltgütern nachhaltig umzugehen.

4. Anwendungsbeispiel zur Umsetzung innerhalb europäischer Grenzen: Die Atmosphäre als Gemeingut Zur Zukunft des Europäischen Emissionshandels[7]

Im Jahr 2005 wurde in der Europäischen Union der Emissionshandel eingeführt. Er ist ein Kernstück der europäischen Strategie gegen den Klimawandel. Eine Frage wurde im ganzen Prozess seiner Einführung kaum gestellt: Was wird hier eigentlich gehandelt? Und wem stehen die Emissionsrechte eigentlich zu?

Emissionsrechte sind Lizenzen zur Nutzung der Atmosphäre als Speicher für Treibhausgase, als temporäre „Mülldeponie" für die Abgase, die bei der Verbrennung von Kohle, Öl und Gas, aber grundsätzlich auch bei der Rodung von Wäldern oder im Verdauungstrakt von Rindern entstehen. Wem gehört die Atmosphäre, die hier genutzt wird?

Unsere These: Da die Atmosphäre von niemandem gemacht wurde, ist sie ein gemeinsames Erbe der Menschheit. Daher gehört sie uns allen gemeinsam. Sie ist als Gemeingut zu bewahren und zu behandeln. Emissionsrechte sind daher nichts anderes als Nutzungsrechte an einem Gemeingut.

Natürlich wäre es am besten, wenn wir von heute auf morgen den Ausstoß von Treibhausgasen beenden würden, denn eigentlich sollte die Atmosphäre überhaupt nicht als „Mülldeponie" genutzt werden. Angesichts der Tatsache, dass moderne Wirtschaften, selbst so unterschiedliche wie die USA und Kuba, zu einem erheblichen Teil auf fossilen Energien beruhen, wäre dies jedoch nicht ohne massivste wirtschaftliche Konsequenzen denkbar, die buchstäblich fast jeden Menschen hart treffen würden. Notwendig ist also ein entschlossener Umsteuerungsprozess, der den Ausstoß von Treibhausgasen so schnell wie möglich reduziert. Während dieses Umsteuerungsprozesses werden noch über einige Jahrzehnte hinweg Emissionen stattfinden, ob wir das wollen oder nicht.

Bisher wurde die Atmosphäre wie Niemandsland und nicht als Gemeingut behandelt. Verschmutzer konnten sie – erlaubnisfrei und kostenlos – als Mülldeponie missbrauchen. Da mit der Verbrennung fossiler

---

[7] Dieses Kapitel ist dem Buch ‚Wem gehört die Welt? – Zur Wiederentdeckung der Gemeingüter', herausgegeben von Silke Helfrich und der Heinrich-Böll-Stiftung (2009), entnommen. Die Verfasser danken der Herausgeberin und dem Verlag für ihre Zustimmung zum Abdruck.

Brennstoffe nach wie vor viel Geld verdient werden kann, wird die Atmosphäre bisher gnadenlos übernutzt. Mit katastrophalen Konsequenzen für uns und unsere Nachkommen.[8]

Die Einführung des Emissionshandels kann als ein Instrument angesehen werden, um den Zugang zur atmosphärischen Allmende zu regulieren und ihre Nutzung schrittweise auf ein tragfähiges Maß zurückzuführen. Doch so, wie er bisher gehandhabt wird, kommt der Emissionshandel einer Privatisierung der Gemeingüternutzung zugunsten der größten Emittenten gleich. Ein Skandal, wie wir meinen.

„Knappheitsrente" nennen Ökonomen das Geld, das man zusätzlich für Dinge bezahlt, bei denen die Nachfrage das Angebot erheblich übersteigt. Schwarzhändler, die Eintrittskarten für ausverkaufte Sportveranstaltungen oder Konzerte verschieben, kassieren eine Knappheitsrente. Die OPEC kassiert eine Knappheitsrente für Öl. Und genauso kassieren auch die Inhaber handelbarer CO_2-Emissionsrechte eine Knappheitsrente, wenn die verfügbare Anzahl von Emissionsrechten durch CO_2-Obergrenzen beschränkt wird.

Dabei geht es um erkleckliche Summen, die voraussichtlich noch beträchtlich ansteigen werden, wenn die Regierungen erst verstärkt auf den Klimawandel reagieren und, so ist zu hoffen, die Emissionsrechte weiter verknappen. Eine britische Studie brachte zutage, dass die Stromunternehmen in Großbritannien im Jahr 2005 durch Emissionszertifikate, die sie unentgeltlich von der britischen Regierung zugeteilt bekommen hatten, 1,5 Milliarden Dollar einnehmen konnten. Ein WWF-Papier veranschlagt die Mitnahmegewinne, die die fünf größten deutschen Stromerzeuger während der achtjährigen Laufzeit des derzeitigen europäischen Emissionshandelssystems (ETS, 2005 bis 2012) durch ihre inländische Geschäftstätigkeit erzielen werden, auf einen Betrag zwischen 31 und 64 Milliarden Euro.[9]

Was passiert hier? Eine zuvor kostenfreie Aktivität – nämlich der Ausstoß von CO_2 in die Atmosphäre – wird nun erlaubnispflichtig. Diese Erlaubnis ist handelbar, denn dadurch – so die Theorie – wird das CO_2 an den Stellen eingespart, wo dies zu den geringsten Kosten möglich ist. Daher bekommt diese Erlaubnis nun einen Marktpreis, so dass manche Leute anderen Leuten (meist Unternehmen) für sogenannte Emissions-

---

[8] Vgl. hierzu grundsätzlich HARDIN, JAMES GARRETT (1995): Living within Limits, Oxford.
[9] WWF Deutschland Hintergrundinformation: Gewinne aus der Einpreisung von CO_2-Kosten im Verhältnis zu den angekündigten Investitionen von RWE, E.ON, Vattenfall Europe, EnBW und STEAG. Berlin, 13.2.2006, http://www.wwf.de/fileadmin/fm-wwf/pdf_misc-alt/klima/14.pdf.

rechte Geld bezahlen. Bei dem bezahlten bzw. erhaltenen Geld handelt
es sich um eine Knappheitsrente, die im Laufe der kommenden Jahrzehnte Mitnahmegewinne[10] in Billionenhöhe hervorbringen wird. Die Frage
ist: Wer sollte diesen Windfall-Profit erhalten?

Wie ausgeführt haben aufgrund der derzeitigen Struktur des ETS die
Unternehmen, die schon in der Vergangenheit die Luft verschmutzten,
ihre Emissionsrechte bekommen, ohne einen Cent dafür bezahlen zu
müssen. In gewisser Weise haben sie damit – ohne jegliche Gegenleis-
tung – einen Besitztitel auf die Nutzung der Atmosphäre erhalten. Nur sie
kassieren die Knappheitsrente, die alle anderen indirekt bezahlen.

Am Beispiel des deutschen Strommarkts lässt sich das gut illustrieren.
Die Strompreise sind nach Einführung des ETS (2005) in ganz Europa
gestiegen. Das hat unter den Industriekunden der Stromversorger Empö-
rung ausgelöst. Selbst das Bundeskartellamt hat das Stromversorgungs-
unternehmen RWE wegen missbräuchlicher Preiserhöhungen nach Einführung des ETS abgemahnt.

Unserer Ansicht nach kann man jedoch den Stromversorgern keinen
Vorwurf machen. Es ist normale betriebswirtschaftliche Praxis, die Kosten
der Emissionsrechte in den Strompreis einzupreisen, selbst wenn die
Versorgungsunternehmen die Zertifikate unentgeltlich bekommen. Diese
Praxis erklärt sich aus der betriebswirtschaftlichen Logik der Stromversorger: Da man die Emissionsrechte auch verkaufen könnte, statt sie zur
Stromproduktion zu nutzen, hat der Preis jeder verkauften Kilowattstun-
de Strom nicht nur die Kosten der Stromproduktion abzudecken, sondern
auch die Kosten der Nutzung der entsprechenden Emissionsrechte. Den
Stromversorgern entstehen also sogenannte Opportunitätskosten, wenn
sie die Emissionszertifikate zur Stromproduktion nutzen, und diese Kosten spiegeln sich im Strompreis wider. Da der Emissionshandel nicht
zuletzt dazu dienen soll, externe Kosten zu internalisieren, ist es sogar
sinnvoll und notwendig, dass sich diese neuen Kosten in den Stromprei-
sen niederschlagen.

Der Vorwurf gebührt vielmehr den europäischen Gesetzgebern, die in
den Zuteilungsregeln des ETS festgelegt haben, dass die EU-Mitglieds-
staaten in der ersten Phase (2005 bis 2007) nur 5 Prozent und in der
zweiten Phase (2008 bis 2012) nur 10 Prozent der Emissionszertifikate

---

[10] Der Begriff „Mitnahmegewinn" oder „unverhoffter Gewinn" (englisch „windfall profit"
oder „windfall gain") bezeichnet im engeren Sinne Vermögenszuwächse, die von Unternehmen oder Privatpersonen ohne eigenes Zutun realisiert werden, zum Beispiel die Steigerung
des Wertes eines Grundstücks durch Umwandlung in Bauland oder durch öffentliche Er-
schließungsmaßnahmen.

versteigern können. Der Rest muss unentgeltlich an die Luftverschmutzer abgegeben werden.

Wir schlagen nun vor, das EU-Emissionshandelssystem für die nächste Phase – ab 2012 – prinzipiell umzugestalten. Und zwar nach folgenden Grundsätzen: Die Atmosphäre, die derzeit als Speicher für Emissionen genutzt wird, ist das gemeinsame Erbe aller Menschen, nicht einer Handvoll Konzerne. Damit stehen auch die Emissionsrechte im Grundsatz den Bürgerinnen und Bürgern zu, nicht den Unternehmen. In anderen Worten: Die Knappheitsrente sollte nicht als privater Profit an die Umweltverschmutzer gehen, sondern der Allgemeinheit zugutekommen. Die Umweltverschmutzer sollten die Emissionsrechte in einem transparenten, neutralen Prozess erwerben anstatt durch Lobbying.

Unser Vorschlag baut auf dem Sky-Trust-Modell beziehungsweise „cap and dividend" auf, das einer der Autoren (BARNES 2001) für die USA entwickelt hat. Im Rahmen der Übertragung dieses Modells auf die EU werden wir einige Veränderungen gegenüber dem ursprünglichen System erörtern, die teils durch die anders gearteten politischen Verhältnisse in der EU, teils durch die pragmatische Übernahme bereits vorhandener Elemente begründet sind.

Die Grundidee des Sky Trust ist einfach: Eine unabhängige Treuhandgesellschaft verwaltet die Emissionszertifikate des ETS, versteigert sie unter den emittierenden Unternehmen und leitet die Einkünfte wieder an die eigentlichen Besitzer der Emissionsrechte, die Bürgerinnen und Bürger, zurück. (Die Abbildung 1 auf der folgenden Seite illustriert, wie ein solcher Sky Trust funktionieren würde.)

Zum genaueren Verständnis ist es sinnvoll, die Frage, wem die Emissionsrechte eigentlich zustehen, zu vertiefen. Indem das ETS Knappheit bei den Emissionsrechten erzeugt, schafft es einen Vermögenswert, der irgendjemandem gehört. Im Prinzip gibt es drei mögliche Besitzer: private Unternehmen, den Staat (entweder die einzelnen Mitgliedsstaaten oder die EU) und die Bürgerinnen und Bürger, deren Interessen von einer Treuhandgesellschaft wahrgenommen werden können.

Bisher schreibt die Richtlinie des ETS vor, dass private Unternehmen die Emissionsrechte – zumindest größtenteils – unentgeltlich erhalten. Das Standardargument für die Überlassung von Gemeinschaftsgütern wie Land, Bodenschätze oder Sendefrequenzen an Privatunternehmen lautet, dass diese im Tausch dafür einen Wert für die Allgemeinheit schaffen. Sie bauen Bahnlinien, fördern wertvolle Metalle oder übertragen Fernsehbilder. Die Bürgerinnen und Bürger bekommen also, so die

Argumentation, für ihre Großzügigkeit etwas zurück, so dass zumindest die Möglichkeit eines „fairen Geschäfts" existiert. Für das Geschenk der CO_2-Aufnahmekapazität erhält die Öffentlichkeit jedoch nichts zurück. Allenfalls die Zustimmung der Unternehmen zur Einführung des Emissionshandels lässt sich möglicherweise dafür einhandeln. Tatsächlich ist derlei „Realpolitik" wohl noch das ernsthafteste Argument für die kostenfreie Überlassung der Emissionsrechte. Ethisch ist sie dennoch nicht zu rechtfertigen.

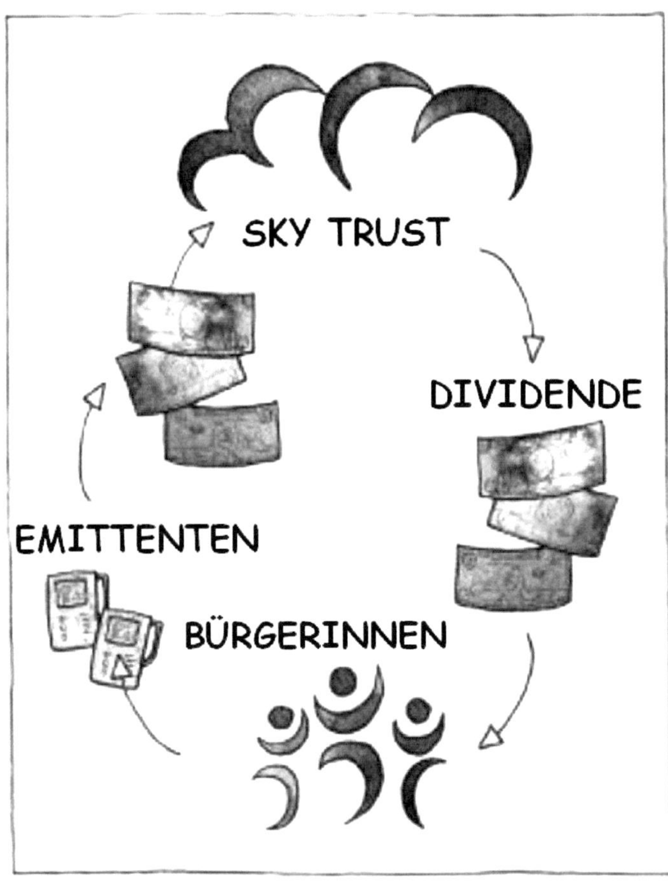

Abbildung 1: Das Sky-Trust- oder Cap-and-Dividend-Modell

Das andere Argument, mit dem üblicherweise für ein Besitzrecht der Konzerne an der Nutzung der Atmosphäre plädiert wird, ist die Sorge um die Wettbewerbsfähigkeit der europäischen Industrie. Im Großen und

Ganzen hält diese Sorge wissenschaftlicher Prüfung nicht stand, wie ausführliche Studien gezeigt haben.[11]

Die zweite Option für das Besitzrecht an den Emissionsrechten ist der Staat. Zweifellos spricht mehr für ihn als für die Verschmutzer. Der Staat ist – zumindest idealerweise – der Sachwalter des Gemeinwohls. Allerdings kann man nicht davon ausgehen, dass der Staat sämtliche aus der Versteigerung von CO_2-Emissionszertifikaten erzielten Einkünfte sinnvoll investieren würde. Daher spricht viel dafür, zumindest einen Teil dieser Einkünfte direkt an die Bürgerinnen und Bürger zurückzuleiten.

Die Begründung ruht auf drei Säulen. Die erste ist philosophisch-rechtlicher Natur und wurde bereits erwähnt: Da die Atmosphäre ererbt, nicht gemacht ist, ist sie ein natürliches Gemeingut und gehört allen gleichermaßen. Der zweite ist ökonomischer Natur: Wenn der CO_2-Ausstoß durch eine Obergrenze beschränkt wird, müssen die Bürgerinnen und Bürger höhere Preise für die Verbrennung fossiler Energieträger und davon abgeleitete Produkte (z.B. Strom) zahlen. Damit ihre Kaufkraft erhalten bleibt, sollte ihnen ein Teil des Geldes, das sie zusätzlich bezahlen müssen, wieder zurückerstattet werden. Geschieht das auf einer Pro-Kopf-Basis statt proportional zum Energieverbrauch, entstehen die notwendigen Anreize zum Energiesparen. Wer einen Geländewagen fährt, wird mehr bezahlen, als er zurückbekommt. Wer Rad fährt, wird mehr zurückbekommen, als er zahlt. CO_2-Sparer werden belohnt, CO_2-Verschwender müssen bezahlen.

Die dritte Säule schließlich ist politischer Natur: Ein System der Emissions-Obergrenzen und des Emissionshandels muss mehrere Jahrzehnte in Kraft sein, bis Europa seinen CO_2-Ausstoß um etwa achtzig Prozent gegenüber 1990 gesenkt hat. Damit dieses System Bestand hat, braucht es politischen Rückhalt. Umweltverschmutzern Mitnahmegewinne zu ermöglichen, schafft keinen dauerhaften politischen Rückhalt. **Dividenden an die Bürgerinnen und Bürger auszuzahlen dagegen schon. In dem Maße, wie die Energiepreise steigen, werden auch die Dividenden für alle steigen.** Wer am meisten Energie spart, wird am besten dastehen, und alle werden die Transparenz und Fairness des Systems zu schätzen wissen.

---

11 Sachverständigenrat für Umweltfragen: Die nationale Umsetzung des europäischen Emissionshandels: Marktwirtschaftlicher Klimaschutz oder Fortsetzung der energiepolitischen Subventionspolitik mit anderen Mitteln? Stellungnahme Nr. 11, Berlin, April 2006, http://www.umweltrat.de/03stellung/downlo03/stellung/Stellung_NAPII_April2006.pdf

Im Zusammenhang mit der Frage des Nutzungsrechts an der Atmosphäre gilt es noch einen weiteren Faktor zu berücksichtigen: Die Atmosphäre ist nicht nur ein europäisches, sondern ein globales Gemeingut. Alle Bürgerinnen und Bürger dieser Welt können den gleichen Anteil an globalen Emissionsrechten beanspruchen. Daher kann man argumentieren, dass die Emissionsrechte des ETS nicht allein den EU-Bürgern gehören. Eine simple Rechnung belegt das: Jedes Emissionshandelssystem beginnt damit, dass es Zertifikate für die tatsächlichen Emissionen in bestimmten Sektoren vergibt. Diese werden dann im Laufe der Jahre reduziert. Die EU 27[12] war 2002 für 16,3 Prozent des globalen CO_2-Ausstoßes verantwortlich, hat jedoch nur einen Anteil von 7,8 Prozent der Weltbevölkerung.[13] Daraus wird ersichtlich, dass die EU den ihr zustehenden ökologischen Raum übernutzt. Würden alle globalen Emissionen in Zertifikate verwandelt, dann stünde der EU nur ein Anteil von 7,8 Prozent zu, was 47,9 Prozent ihrer derzeitigen Emissionen abdecken würde. Dementsprechend sollten nur rund die Hälfte der Emissionsrechte des ETS den Bürgerinnen und Bürgern der EU gehören, die andere Hälfte hingegen den Bürgerinnen und Bürgern von Ländern – zumeist Entwicklungsländern –, deren CO_2-Ausstoß unter dem globalen Durchschnitt liegt. Entsprechend sollte auch der Sky Trust nur die Hälfte seiner Einkünfte aus Versteigerungen an die Bürgerinnen und Bürger der EU weiterleiten. Der Rest sollte den Menschen in Ländern mit unterdurchschnittlichem CO_2-Ausstoß zugutekommen.

Der Schutz des Besitzrechts der Bürgerinnen und Bürger bedarf geeigneter Verfahren und Institutionen. Wie also sollte ein EU-Sky-Trust institutionalisiert werden? Unser Vorschlag zielt auf die Etablierung einer unabhängigen, transparenten und rechenschaftspflichtigen Körperschaft – vergleichbar etwa der Europäischen Zentralbank. Aufgabe dieser Körperschaft wäre, die Emissionsrechte und die daraus erwachsenden Einkünfte im Interesse aller Besitzerinnen und Besitzer zu verwalten, sowohl der gegenwärtigen wie auch der künftigen Generationen.

---

[12] Belgien, Bulgarien, Dänemark, Deutschland, Estland, Finnland, Frankreich, Griechenland, Irland, Italien, Lettland, Litauen, Luxemburg, Malta, Niederlande, Österreich, Polen, Portugal, Rumänien, Schweden, Slowakei, Slowenien, Spanien, Tschechien, Ungarn, Großbritannien, Zypern.

[13] Die Daten beziehen sich nur auf den CO_2-Ausstoß durch die Nutzung fossiler Energieträger und gelten für das Jahr 2002. Quelle: CAIT 3.0 (Climate Analysis Indicators Tool), World Resources Institute, http://cait.wri.org/downloads/CAIT-3.0-Setup.exe. Die Zahlen sind illustrativ und könnten sich ändern, wenn die Nicht-CO_2-Treibhausgase und CO_2 aus nicht-fossilen Quellen einbezogen werden.

Die Treuhänder müssten in einem Verfahren ausgewählt werden, das ihre Kompetenz, ihre Unabhängigkeit von Lobby-Interessen und ihre Integrität gewährleistet. Als Vorbild könnte hier die Ernennung von Verfassungsrichtern oder Zentralbankchefs dienen. Um der Miteigentümerschaft der Bürgerinnen und Bürger außerhalb der EU gerecht zu werden, müssten auch entsprechend integre und kompetente Persönlichkeiten aus Entwicklungsländern im EU-Sky-Trust vertreten sein.

Die Entscheidung über die Anzahl der Emissionszertifikate überlässt das ETS bisher im Rahmen der Nationalen Allokationspläne, die allerdings von der EU-Kommission gebilligt werden müssen, den einzelnen Regierungen. Da die Emissionszertifikate Geld wert sind, kommt dies einer Lizenz zum Gelddrucken gleich. Das hat in der ersten Phase zu einer rasanten Abnahme der ökologischen Ambitionen sowie zu einer beträchtlichen Überallokation geführt, in deren Folge die Zertifikatspreise sanken.

Seit Einführung des Euro obliegt die Entscheidung über die Geldmenge in der Eurozone nicht mehr den einzelnen Mitgliedsstaaten, sondern einer zentralen, unabhängigen Institution. In ähnlicher Weise sollte über die Anzahl der zu verteilenden Emissionsrechte ein europäischer Sky Trust, der dem Schutz der Atmosphäre und damit des Gemeinwohls verpflichtet ist, unter der Leitung eines unabhängigen Vorstands entscheiden.

Fazit: Es wäre so tragisch wie absurd, wenn die „Lösung" des Problems Klimawandel weiterhin mit einem beträchtlichen Vermögenstransfer an die Umweltverschmutzer einherginge, die das Problem zu einem großen Teil selbst verursacht haben. Das ist, als belohne man Tabakkonzerne mit Milliardensummen für die zahlreichen Lungenkrebsfälle, die sie mit zu verantworten haben. Die derzeitige Praxis spricht nicht nur jeglichem Kriterium der Umweltgerechtigkeit Hohn, sie sendet auch die falschen Signale an die Finanzmärkte: In dem Maße, wie Mitnahmegewinne die Profite von CO_2-Emittenten aufblähen, werden die Finanzmärkte statt in saubere Energiequellen in Unternehmen investieren, die die Umwelt verschmutzen. Genau das Gegenteil dessen also, was zur Bekämpfung des Klimawandels notwendig ist.

Die wichtigsten Unterschiede zwischen dem derzeitigen ETS und einem europäischen Sky Trust werden in der folgenden Tabelle 2 zusammengefasst.

	Derzeitiges ETS der EU	EU-Sky-Trust
Wer definiert die Emissionsobergrenzen?	Die Mitgliedsstaaten; Prüfung und Genehmigung durch die EU-Kommission	Unabhängige Treuhänder
Anfangsverteilung der Emissionsrechte	Unentgeltliche Abgabe an Umweltverschmutzer	Versteigerung unter den Umweltverschmutzern
Emissionshandel	Ja	Ja
Preise der emissionsintensiven Güter	Steigen	Steigen
Kompensation für die Verbraucher	Nein	Ja, partiell
Kompensation für die armen Länder	Nein	Ja
Auswirkungen auf das persönliche Einkommen	Schmälert es um den Wert der Zertifikate	Schmälert es um ca. die Hälfte des Werts der Zertifikate
Auswirkung auf die Einkommensverteilung	regressiv	progressiv

Tabelle 2: Unterschiede zwischen dem derzeitigen Emissions Trading System (ETS) und dem hier vorgeschlagenen Sky Trust beziehungsweise Cap-and-Dividend-Modell

Die bevorstehende Revision des EU-Emissionshandelssystems stellt eine einmalige Gelegenheit dar, einige der grundlegenden Defizite dieses zentralen Klimaschutzinstruments zu beseitigen. Das Modell eines allein dem Schutz der Atmosphäre verpflichteten Sky Trusts, der die Besitzrechte aller Bürgerinnen und Bürger an diesem Gemeingut transparent verwaltet, kann dabei als Leitbild für eine grundsätzliche Reform des Europäischen Emissionshandelssystems dienen.

Aktueller Nachtrag: Inzwischen hat die EU-Kommission einen Vorschlag zur Reform des Emissionshandels vorgelegt, der für den Stromsektor eine vollständige Versteigerung der Emissionsrechte vorsieht. Das EU-Parlament hat dem bereits zugestimmt, aber einige europäische Regierungen sträuben sich noch. Außerhalb des Stromsektors ist die Versteigerung noch stärker umstritten und soll auch nur graduell umgesetzt werden.

Die Einnahmen aus der Versteigerung fallen erst einmal den Finanzministern zu. In Deutschland werden sie zu erheblichen Anteilen für Klimaschutzprojekte in Entwicklungsländern verwendet. Ein sinnvoller Ansatz, der zumindest im Geiste der obengenannten Sky-Trust-Idee entspricht.

5. Ein globaler ordnungspolitischer Ansatz zur Einhaltung der Klimaschutzziele

Bei der Gestaltung und Umsetzung der Weltklimaziele gibt es drei Sachzwänge:

1. Der Zwang zur **Begrenzung** in der Nutzung des Umweltgutes: Zur Verhinderung des Temperaturanstiegs muss der maximal zulässige Ausstoß von CO_2 wirksam auf eine Obergrenze festgeschrieben werden (**Suffizienz**).

2. Die Maßgabe zur wirtschaftlich **sparsamen Verwendung** des Umweltgutes (**Effizienz**) erfordert, dass das Umweltgut einen Preis hat. Nur dadurch ist der ökonomische Anreiz zur Sparsamkeit gegeben.

3. Eine **Lösung nach Bevölkerungszahl (Äquivalenz)**. Von ihr machen Indien, China und weitere bevölkerungsreiche Entwicklungs- und Schwellenländer eine Teilnahme an den Maßnahmen zur Einhaltung der weltweiten Klimaschutzziele abhängig.[14] Vor diesem Hintergrund sagte Bundeskanzlerin Merkel dem indischen Premierminister anlässlich ihres Staatsbesuchs 2007 eine Lösung nach der Bevölkerungszahl zu.

Das folgende Drei-Ebenen-Modell, das auch als Umwelt- oder Klimafonds-Modell bezeichnet werden kann, geht auf Überlegungen von WALRAS (1896/1990) zurück und sichert den ökonomisch effizienten Ressourceneinsatz einerseits sowie eine sozial und ökologisch nachhaltige Nutzung andererseits (ANDRES 2001). Das Modell kann auf nahezu jede Ressource angewendet werden, seine Wirkung wird im Folgenden anhand der Emissionsrechte für Kohlendioxid (CO_2) gezeigt.

---

[14] Andernfalls sind sie – da ihr wirtschaftliches Wachstum in den nächsten Jahren keine Reduktion von Emissionen erlaubt, sondern eine Erhöhung erfordert – nicht bereit, sich am Klimaschutz zu beteiligen. Das in Kyoto vereinbarte Grandfathering (also eine Verteilung von Verschmutzungsrechten nach bestehenden Emissionsvolumen der einzelnen Länder) können sie nicht mittragen, ohne gegen eigene ökonomische Interessen zu verstoßen. (Vgl. hierzu auch OTT und SACHS, 2000.)

Aus den drei genannten Sachzwängen – dem Erfordernis von Suffizienz, Effizienz und Äquivalenz – ergeben sich folgende Anforderungen an eine nachhaltige Umweltpolitik:

1. Ebene: Begrenzungsebene (Suffizienz)
    Die atmosphärische Aufnahmekapazität für CO_2 ist, wie die derzeitige Konzentration von CO_2 in der Atmosphäre, in etwa bekannt. Daraus ergeben sich Obergrenzen für weitere Emissionen. Diese liegen, je nach Auffassung und Klimaschutzziel, zwischen 20 und 30 Gigatonnen (Gt) pro Jahr. Zur wirksamen Eindämmung des Klimawandels sollten diese Obergrenzen eingehalten werden.

2. Ebene: Allokationsebene (Effizienz)
    Ebenfalls ist bekannt, wie viel CO_2 bei der Verbrennung fossiler Brennstoffe frei wird. Dieser Wert liegt bei etwas mehr als drei Tonnen CO_2 bei der Verbrennung einer Tonne Mineralöl oder Kohle. **Somit ist eine inputorientierte Steuerung möglich: Dann setzt der Verkauf fossiler Kraftstoffe und nicht erst die Emission des Kohlendioxids den Erwerb von Emissionszertifikaten voraus (EISENBEISS 2008).**
    Um einen sparsamen Umgang mit Kohlendioxid zu gewährleisten, muss es über einen Preis verfügen. Durch einen weltweit einheitlichen Preis wird erreicht, dass die Verwendung der Ressource, in diesem Fall die Rechte zur Emission von CO_2, bei jenen liegt, die weltweit am wirtschaftlichsten damit umgehen. Der ökonomische Knappheitswert der Ressource wird somit auf dem Wege der weltweiten Versteigerung der Emissionsrechte ermittelt. Unternehmen, die mit geringem Ressourceneinsatz einen höheren Wert für ihre Kundinnen und Kunden generieren als andere, gehen ökonomischer mit der Ressource um. Die Unternehmen mit der sparsamsten Verwendung verfügen über die höchste Zahlungsfähigkeit, können den höchsten Preis bieten und erhalten den Zuschlag.[15]

---

[15] Bis hierher entspricht der Vorschlag dem klimapolitischen Instrument „Cap and Trade" zur Emissionsbegrenzung. Nach dem Kyoto-Protokoll ist ab dem Jahr 2013 die vollumfängliche Versteigerung der weltweiten Emissionsrechte möglich. Der Handel mit einmal erworbenen Rechten sollte erlaubt sein. Auf diese Weise können nicht genutzte Emissionsrechte verkauft werden. Für den Aufbau eines weltweiten Handelsnetzes könnten beispielsweise weltweit operierende Banken geeignet sein (WALTER 2008). Jedoch sind auch andere Lösungen denkbar.

3. Ebene: Distributionsebene (Äquivalenz)

Die Erlöse aus der Versteigerung werden in einer Art Umweltfonds gesammelt und pro Kopf der Weltbevölkerung ausgezahlt.[16] Mit dieser Ebene erfüllt das Modell nicht nur die Forderung nach Äquivalenz, sondern löst damit zugleich auch einen der Kernkonflikte im Umweltschutz: Einerseits fordern Ökonomen, dass die „Natur einen Preis" haben müsse, um ökonomische Anreize für einen sparsamen Umgang zu schaffen (s. 2. Ebene). Andererseits wecken steigende Preise die „Furcht vor Armut und Hunger" (HARDENBERG 2008), wodurch sie demokratisch nicht mehrheitsfähig sind. Die Rückvergütung der in der zweiten Ebene realisierten Knappheitspreise nimmt den Menschen diese Angst. Dadurch werden Maßnahmen für den Umweltschutz demokratisch mehrheitsfähig.

Eine im Zusammenhang mit der Verteilung häufig gestellte Frage lautet: Wie soll eine Auszahlung an alle Bürgerinnen und Bürger weltweit realisiert werden? Eine Antwort lautet: In postindustriellen Wirtschaftsräumen wie der Bundesrepublik Deutschland eignet sich die lebenslange Steuernummer für eine Gutschrift auf dem in der Steuererklärung angegebenen Verrechnungskonto. In Entwicklungsländern haben immer mehr Menschen Zugang zu Bankdienstleistungen durch Mikrokreditsysteme (SPIEGEL 2006).[17] Diese Entwicklung kann gezielt auch mit Hilfe finanzieller Mittel aus dem Umweltfonds gestützt und ausgebaut werden. Eine Grundlage hierfür wird etwa in Indien derzeit durch die Einrichtung einer ‚Identitätsnummer für jeden der 1,1 Milliarden Inder' (NILEKANI 2009)

---

[16] Für Wirtschaftswissenschaftler: Das Modell kann zunächst in einer geschlossenen Volkswirtschaft gedacht werden. Faktorpreiserhöhungen werden, wie die Kosten der gesamten Wertschöpfung, von den Konsumenten getragen. Insofern erscheint es schlüssig, die Konsumpreiserhöhungen durch die vorgetragene Ausgleichszahlung zu kompensieren. Eine Alternative wären gezielte Investitionen in Umwelttechnologie. Investitionen rechnen sich umso mehr, je höher die damit zu erzielenden Erträge ausfallen. Das hier vorgetragene Modell erhöht systematisch, wie nachfolgend gezeigt wird, die Vorteilhaftigkeit von Investitionen in ressourcensparende Technologie. Es erhöht damit die Profitabilität entsprechender Investitionen und fördert damit Investitionen in Umwelttechnologien. Der „Hebel" für solche Investitionen ist im hier entwickelten Modell höher als bei direkten Investitionen, da die hier vorgeschlagene Vorgehensweise implizit dazu führt, dass ein Vielfaches der hiermit direkt bewegten Geldmittel an Investitionen anderer Investoren ausgelöst wird.
Weitere Vorschläge für die Distributionsebene finden sich bei ANDRES 2001, S. 55 f.

[17] Wenige Wochen vor Drucklegung gerieten Mikrokredite negativ in die Schlagzeilen, da sich Kreditnehmerinnen mit Kerosin übergossen und sich selbst angezündet hatten, weil sie die Raten ihrer Darlehen nicht mehr zahlen konnten (FICHTER 2011). 1.) Setzt das in dieser Arbeit vorgeschlagene Modell genau auch hier an: Der Druck von Kreditraten ist nicht mehr existenzbedrohend, wenn eine existenzsichernde Rückvergütung gezahlt wird. 2.) Das hier vorgestellte Modell braucht die Mikrokreditbanken nicht. Sie werden hier lediglich erwähnt um aufzuzeigen, dass auch den Ärmsten der Armen auf kostengünstigste und aus der Rückvergütung bezahlbaren Weise der Zugang zu Finanzdienstleistungen, sprich: zu einem Bankkonto, eröffnet werden kann.

geschaffen. In Ländern, in denen die Menschen noch nicht über einen ausreichenden Zugang zu Bankdienstleistungen verfügen, kann das Geld an die Regierungen mit der Auflage zum Erwerb von Nahrungsmitteln gegeben werden.[18] Im Falle korrupter Regime könnten die Mittel an die Welthungerhilfe gezahlt werden.

Eine weitere Frage, die häufig in Zusammenhang mit dem hier gemachten Vorschlag gestellt wird, ist, wie die weltweiten Lieferanten fossiler Brennstoffe, etwa alle Öllieferanten, dazu bewogen werden können. Die Antwort auf diese Frage lautet: Dies kann nur erreicht werden, indem die Lieferländer dies zu einer verbindlichen Gesetzgebung machen. Daran schließt sich zugleich die Frage an: Wie können die Lieferländer hierzu bewogen werden? Die Antwort liegt in einem ökonomischen Argument: Bei der Verpflichtung zum Erwerb von Emissionszertifikaten als Voraussetzung für den Verkauf der fossilen Brennstoffe handelt es sich um eine *Faktorpreiserhöhung*, also eine Erhöhung, die für alle Konkurrenten gleichermaßen gilt. Keiner der Beteiligten stellt sich also gegenüber seinen Konkurrenten schlechter.

Der einzige nicht wegzudiskutierende Nachteil für die Lieferländer liegt darin, dass sich die Nachfrage nach fossilen Brennstoffen insgesamt etwas reduzieren könnte, da die relative Vorteilhaftigkeit der erneuerbaren Energieträger erhöht wird. Genau dies wird jedoch mit der vorgeschlagenen Ordnungspolitik beabsichtigt und es besteht Konsens hinsichtlich der Unerlässlichkeit für eine solche Politik zur Verhinderung von Klimakatastrophen.[19] Ein wichtiger Vorteil für die Lieferländer kann darin bestehen, dass ihre Ressourcen durch eine solche Politik langsamer ausgebeutet werden und somit noch für einen längeren Zeitraum zur Verfügung stehen, was ihre Einkünfte auf längere Dauer sichert.

---

[18] Das Geld *kann* an die Regierungen gegeben werden mit dieser Auflage. Es kann jedoch auch durch den Fonds, der die Auszahlung aus den Einnahmen aus der Versteigerung organisiert, dazu verwendet werden, zur Auszahlung an die Menschen in den entsprechenden Ländern die hierfür notwendigen Finanzdienstleistungsstrukturen zu schaffen; hierzu kann er sich im Sinne der Kostenreduktion an den Erfahrungen der effizienten Finanzdienstleistungsstrukturen orientieren, wie sie für die Vergabe von Mikrokrediten etabliert wurden und werden. Mit anderen Worten: Wenn für Mikrokredite eine Kontoführung für die Ärmsten der Armen effizient und kostendeckend möglich ist, setzt das die „Benchmark" für die Kontoführungsstruktur zur Organisation und Durchführung der Auszahlungen auch des hier entwickelten Modells.

[19] Auch die Ölförderländer am arabischen Golf haben ein Interesse an Veränderungen des Weltklimas, die zu Strömungsveränderungen der Wind- und Meeresströme, zu Dürren in Russland, Überschwemmungen in Pakistan und Indien oder Sturmfluten an ihren eigenen Küsten führen können.

Das hier vorgestellte ordnungspolitische Modell kann als 3-Ebenen-Modell oder Cap-Auction-Dividend-Modell bezeichnet werden. Es verfügt über zahlreiche Vorteile, von denen einige nachfolgend aufgezählt sind:

1.) Die **Einhaltung der Klimaschutzziele** ist systematisch gewährleistet.

2.) Ein **sparsamer Umgang mit dem Umweltgut** ist systematisch gesichert.

3.) CO_2-intensive Produkte haben durch die Ersteigerung von CO_2-Emissionsrechten, die durch die Wertschöpfungskette bis hin zu den Endkonsumenten „durchgereicht" werden, höhere Kosten als Produkte, die mit geringeren CO_2-Emissionen hergestellt werden. Im Wettbewerb haben klimaschonende Produkte somit einen Preisvorteil.

4.) Der finanzielle Anreiz zum sparsamen Umgang ist somit bei privaten Haushalten und Unternehmen gleichermaßen gegeben. Heute ist die „Emissionsneutralisierung" beispielsweise von Bahn- und Flugreisen durch den Erwerb von Zertifikaten teurer als die normale Fahrkarte. Das 3-Ebenen-Modell sichert ordnungspolitisch, dass der Transport mit umweltschädlichen Technologien teurer ist als der Transport mit umweltschonenden Technologien. Es besteht also ein *finanzieller Anreiz zum Umweltschutz.*

5.) Durch den finanziellen Anreiz zum sparsamen Umgang mit der Ressource erhalten technische Innovationen zur Vermeidung des Verbrauchs starken Auftrieb: Wissenschaftliche Initiative bei der Erfindung und unternehmerische Initiative bei der wirtschaftlichen Verbreitung ressourcensparender Technologien werden gefördert.

6.) Die relative Vorteilhaftigkeit von Investitionen in den Klimaschutz, in klimaschonende Produkte und Technologien, steigt.

7.) Eine globale Auktion führt zu *einem* globalen Emissionspreis. Unternehmen erhalten dadurch eine verlässliche Kalkulationsgrundlage. Sie haben bei einem weltweit einheitlichen Emissionspreis keinen Anlass mehr, aufgrund unterschiedlicher Rohstoffregime Produktionsstätten von einem Land in ein anderes zu verlagern. Dies spart Kosten und erhöht die Effizienz.[20]

8.) Emissionsrechte werden aufgrund des weltweit einheitlichen Preises dort eingesetzt, wo die höchsten Grenzvermeidungskosten der Umweltverschmutzung bestehen.

---

[20] Hierbei wird unterstellt, dass es den Nationalstaaten nicht gestattet ist, Unternehmen bei den Kosten für den Erwerb von Emissionsrechten zu subventionieren. Andernfalls würde möglicherweise ein Subventionswettbewerb auf Kosten der öffentlichen Hand drohen.

9.) Das Modell ermöglicht die internationale Verständigung auf einen global verbindlichen Pfad zur Reduktion der Mengen in den nachfolgenden Jahren. Dieser kann von den Unternehmen am Markt verlässlicher antizipiert und die Erwartung über künftige Emissionspreise, die heute aus unterschiedlichsten Informationsquellen stammen und in unterschiedlichsten Höhen ausfallen, bei der Produktionsplanung berücksichtigt werden.

10.) Staaten können sich darauf beschränken, den Ordnungsrahmen zu setzen. Regierungen müssen nicht mehr operativ in den Umweltschutz eingreifen, beispielsweise durch Maßnahmen zur Verringerung des CO_2-Ausstoßes von Automobilen, die Wärmedämmung von Häusern oder den Einsatz von Energiesparlampen, da der sparsame Umgang sich für die Bürger und Unternehmen „in Heller und Pfennig" auszahlt, also finanziell vorteilhaft ist. Da das Modell am Umweltgut selbst ansetzt, bleiben den Regierungen, Bürgerinnen und Bürgern Überwachung und Kontrollen erspart. Der Anreiz zum sparsamen Umgang ist durch seine ökonomische Vorteilhaftigkeit gewahrt (2. Ebene), die Einhaltung der Klimaschutzziele institutionell durch die Kapazitätsgrenzen (1. Ebene) gesichert, die soziale Ausgewogenheit und Lebensstandardsicherung durch die Rückvergütung (3. Ebene).

11.) Die entwickelten Volkswirtschaften können einer solchen Ordnungspolitik zustimmen, da sie weiterhin ihren Lebensstandard beibehalten können. Die systemimmanenten Anreize zur Implementierung von Technologien mit erhöhter Ressourceneffizienz ermöglichen einen Pfad fortgesetzten Wohlstandswachstums bei gleichzeitig abnehmendem Ressourcenverbrauch.

12.) Länder wie Indien und China können dieser Ordnungspolitik zustimmen, da eine an der Bevölkerungszahl ausgerichtete Rückvergütung ihren Bürgerinnen und Bürgern den gleichen Anteil beziehungsweise seinen ökonomischen Knappheitswert zusichert. Ein solches Vorgehen eröffnet den Entwicklungsländern die von ihnen benötigen Wachstumsperspektiven und knüpft sie zugleich an Anreize zur globale Emissionsreduktion.

13.) „Pro Kopf" wird nicht das Umweltgut, sondern der **ökonomisierte Gegenwert** seiner Knappheit verteilt. Durch die Rückvergütungsebene ist die *durchschnittliche* Nutzung des Umweltgutes – beziehungsweise der unter seiner Verwendung hergestellten Produkte – allen Bürgerinnen und Bürgern finanziell möglich (Äquivalenz).

14.) Nutzen sie ein Umweltgut unterdurchschnittlich, ermöglichen sie damit anderen eine überdurchschnittliche Nutzung und erhalten hierfür den finanziellen Gegenwert, der ihnen wiederum den Bezug der überlebensnotwendigen Lebensmittel gestattet.

Diese Vorteile sollen nachfolgend in einer Tabelle noch nach Vorteilsgruppen und Vorteilsträgern (Ebenen) systematisiert werden.

	1. Ebene (Cap)	2. Ebene (Auction)	3. Ebene (Dividend)
Private Haushalte	1	3, 4, 5, 6, 10, 11, 12	11, 12, 13, 14
Unternehmen	1	2, 3, 4, 5, 7, 9, 10	11, 12, 13, 14
Staaten/öffentliche Haushalte	1	4, 5, 6, 7, 8, 10, 11, 12	11, 12, 13, 14
Umwelt/Klima	1	2, 3, 4, 5, 6, 8	12, 14

Tabelle 3: Systematisierung der Vorteile des hier vorgeschlagenen ordnungspolitischen Modells

Tabelle 3 ist wie folgt zu interpretieren. Beispiel 1: Von der wirksamen Begrenzung der Emissionen (Vorteil 1) profitieren sowohl private Haushalte als auch Unternehmen, Staaten und die Umwelt. Beispiel 2: Von einem global verbindlichen und kontrollierbaren Emissionsreduktionspfad (Vorteil 9) mit Planungssicherheit für künftige Angebotsmengen (der Ressource) und damit künftige Preisentwicklungen haben die Unternehmen Planungssicherheit für ihre Kostenkalkulation – und ihre notwendigen technologischen Innovationen zur Vermeidung kostenpflichtiger Emissionen in den kommenden Jahren. Beispiel 3: Durch die Rückvergütung der Einnahmen aus der Auktion erhalten nicht nur die Menschen in den ärmsten Ländern Kaufkraft als Ausgleich für Ihren Verzicht auf die Nutzung ihres Anteils an der Ressource (Vorteil 14). Die Staaten und Unternehmen der ärmsten Regionen können einen Zuwachs an Kaufkraft verbuchen. Auch die durchschnittlichen Nutzer in allen Volkswirtschaften der Welt erhalten einen Ausgleich (Vorteil 13) für die zu ihnen als Konsumenten durchgereichten Kosten der ersteigerten Emissionszertifikate. Alle Menschen können somit ihren persönlichen auch ökonomischen Wachstums- und Prosperitätspfad fortsetzen, allerdings unter Berücksichtigung der berechtigten klimapolitischen Knappheitsbestimmungen und Ressourcenverbrauchsbeschränkungen.

Die heute weltweit wahrgenommene Klimaveränderung macht bewusst, dass das Klimaproblem umweltpolitisch durch eine weltweit koordinierte Anstrengung gelöst werden kann. Die aktuelle Verschärfung der Welternährungssituation macht zudem das Klimaproblem zu einem moralischen Problem und erhöht so die Dringlichkeit einer Lösung (UEXKÜLL 2008). Der hier entwickelte Vorschlag sichert systematisch, dass bei einer Verringerung der weltweiten Klimaerwärmung zugleich auch das Hungerproblem als weltweite Herausforderung berücksichtigt und gelöst werden kann.

Tabelle 3 systematisiert die aufgezeigten Vorteile der hier entwickelten Verfahrensweise. Es soll aber auch ein Nachteil beziehungsweise ein Problem benannt werden, das im Zusammenhang mit der Umsetzung auftritt: Die internationale Staatengemeinschaft muss zu der verbindlichen Regelung finden und ihre Einhaltung überwachen.

Es erscheint zum Zeitpunkt der Drucklegung dieses Texts nicht leicht, zu einer solchen verbindlichen Einigung zu kommen. In diesem Zusammenhang danken die Verfasser Juan J. Merelo und Wolfgang Eichhorn für wertvolle Anregungen, die ihnen die Gelegenheit zu folgender Anmerkung hinsichtlich der Umsetzung des Modells geben. Eine Zuspitzung der Klimasituation würde darauf hinauslaufen, dass die Staatengemeinschaft zu einer Regelung findet oder dass immer größere Teile der Weltbevölkerung unter den Folgen zu leiden haben. Anders gesagt: Es werden so lange immer mehr Menschen unter den Folgen des Klimawandels leiden, bis ein Teil der heute noch üblichen Nationalstaatlichkeit überwunden ist. Juan J. Merelo vertritt die Auffassung, dass eher das Weltklima zugrunde gehe, als dass Nationalstaatlichkeit überwunden werde.

Wolfgang Eichhorn verwies in diesem Zusammenhang auf den Bericht „Die Grenzen des Wachstums" des Club of Rome. Darin wird das Ende der Erdölvorräte prognostiziert. Laut Eichhorn sei die Aussage, „das Öl geht zu Ende", aus Sicht eines Geophysikers nachvollziehbar, da er den jährlichen und prognostizierten künftigen Verbrauch ins Verhältnis zu den vorhandenen, gefundenen und noch erwarteten Erdölvorräten setzt und daraus ableitet, wann diese aufgezehrt sein werden. Aus Sicht des Ökonomen jedoch, so Eichhorn, sei diese Auffassung nicht zu halten. Es sei vielmehr so, dass das Öl, je näher das „Ende der Ölvorräte" komme, immer teurer werde. Im Ergebnis werde der Ölpreis irgendwann einmal so hoch, dass es schlicht günstiger ist, Energie aus erneuerbaren Energiequellen wie Sonne, Wasser, Wind und nachwachsenden Rohstoffen, etwa Pflanzenöl, zu gewinnen. Auch dann werde Öl noch für Medikamente benötigt, jedoch in weitaus geringerem Umfang als heute im Rahmen der Energiegewinnung.

Angewendet auf die Frage der Überwindung der Nationalstaatlichkeit aufgrund der Folgen des Klimawandels wird nun folgende Dynamik erkennbar: Irgendwann wird der Druck zur Überwindung der Nationalstaatlichkeit aufgrund der Folgen des Klimawandels für die Menschen so hoch sein (etwa wie die Explosion von Atommeilern in Japan die Einschätzung und Stimmung zur Atomkraft in Europa schlagartig geändert hat), dass es zur Aufgabe nationalstaatlicher Befindlichkeiten kommt. Eine erfolgreiche Klimapolitik kann zwar auch dann grundsätzlich auch ohne die dritte Ebene, die Rückvergütungsebene, den Klimawandel begrenzen oder aufhalten und ist insofern hinsichtlich der Erreichung der Klimaschutzziele praktikabel. Dabei würden jedoch Armut und Hunger weltweit zunehmen. Hinsichtlich der Gewährleistung von Ernährungssicherheit wird eine Ordnungspolitik nur dadurch systemisch nachhaltig und demokratisch durchführbar, dass sie auch sozial nachhaltig ist – dies ist der Grund für die Wahl von „Klimaschutz und Ernährungssicherheit" als Titel für diese Veröffentlichung.

Eine überlebenswichtige Ressource, für deren Nutzung eine solche Ordnungspolitik virulent werden könnte, ist Wasser. Gelegentlich wird von der Gefahr und der Angst vor „Kriegen um das Wasser" im 21. Jahrhundert gesprochen. Aber ist Wasser in Wirklichkeit knapp? „Selbstverständlich", würden viele sagen, „der Zugang zu sauberem Trinkwasser ist eines der größten Probleme in den armen Ländern". Das ist zwar zutreffend, aber ist der Zugang zu Trinkwasser oder dessen Knappheit das Problem?

Anders gefragt: „Hat jemals ein Mensch einen einzigen Tropfen Wasser verbraucht?" „Selbstverständlich", würden auch hier viele Menschen sagen, „wir verbrauchen pro Kopf praktisch jeden Tag mehrere Liter Wasser als Nahrungsmittel, für die Hygiene oder in der Güterproduktion". Die wirklichkeitsgemäße Antwort lautet jedoch: „Nein, denn selbst das Wasser, das wir trinken, bleibt nicht im Menschen. Es fließt gewissermaßen immer wieder ‚aus ihm heraus'." Anders gesagt: Wir verbrauchen Wasser nicht, wir *nutzen* es lediglich. Bei dieser Erkenntnis handelt es sich um mehr als bloße Sophisterei. Sie ist eine Grundlage für das Verständnis, dass an Gemeinschaftsgütern, bei einer ihnen als Gemeinschaftsgütern gemäßen Ordnungspolitik, nicht Eigentumsrechte sondern lediglich Nutzungsrechte vergeben oder verkauft werden dürfen. Auch oder gerade Nutzungsrechte zwingen die Erwerber zu einem fürsorglichen Umgang (vgl. hierzu auch die Unterscheidung zwischen Eigentum als Dominium (zum Verbrauch und gegebenenfalls Raubbau (dem „ius utendi et abutendi re sua" nach römischem Recht)) und Patrimonium (von den Vätern ererbt zur Pflege und Weitergabe an die nächste Generation) bei dem St. Galler Ökonomen BINSWANGER (2005, S. 34). Das mangelnde Verständnis dieser notwendigen Unterscheidung im öffentlichen und auch im wissenschaftlichen Bewusstsein kann als eine der Ursachen dafür angesehen werden, dass der Anstieg von Rohstoffpreisen immer wieder zu Hungersnöten führt, obwohl weltweit ausreichend Nahrungsmittel vorhanden sind.

Auch der Hydrologe und UN-Berater Asit Biswas lehnt die These der Wasserknappheit ab. Er wird mit den Worten zitiert: „There is no limit to how many times water can be reused." Anders gesagt: Ursache für den mangelnden Zugang zu sauberem Trinkwasser für Milliarden von Menschen ist letztlich nicht etwa dessen globale Knappheit, sondern in erster Linie deren mangelnde Kaufkraft. Es ist nur eine Frage der Aufbereitung (in Kläranlagen) und Entsalzung (in Entsalzungsanlagen) und somit kein technisches oder Mengenproblem. Es ist ein finanzielles und damit ein soziales Problem. Schon eine Anwendung der in dieser Schrift vorgestellten Ordnungspolitik kann das Problem systematisch überwinden und sichert auch den Ärmsten zumindest die überlebenswichtige Kaufkraft. Verfügen auch die ärmsten Menschen über ein ressourcen(abgaben)finanziertes Mindesteinkommen wie es in dieser Schrift skizziert ist, existiert ein finanzieller Anreiz zu deren Versorgung und es entfalten sich beinahe automatisch die unternehmerischen und technischen Initiativen für die Versorgung auch dieser Menschen mit Nahrungsmitteln und sauberem Trinkwasser. Eine Anwendung dieser Ordnungspolitik auf Wasser kann diskutiert werden.

Es versteht sich von selbst, dass das vorgeschlagene Modell nicht ohne Engagement und Überzeugungskraft eingeführt werden kann. Je erdrückender und bedrohlicher jedoch die Folgen des weltweiten Klimawandels und der Verschlechterung der Welternährungssituation werden, desto überzeugender und gangbarer wird der hier aufgezeigte Weg.

6. … und zur Lösung des Welternährungsproblems

Künftig gilt unter Anwendung des Fondsmodells: Wer Kohlenstoff herstellt oder in Verkehr bringt, muss zuvor das Recht erworben haben, die bei der Verbrennung entstehende Menge an CO_2 zu emittieren.

Die **Anwendung des Modells auf fossile Brennstoffe sichert methodisch die finanzielle Vorteilhaftigkeit der Verbrennung von Pflanzenöl gegenüber der Verbrennung fossiler Brennstoffe:** Sie adressiert das Problem der weltweiten Klimaerwärmung und trägt systematisch zu seiner Lösung bei. Wer fossile Brennstoffe nutzt, zahlt mehr in den Umweltfonds ein als derjenige, der Pflanzenöl verbrennt. Dieser Umstand begünstigt die Verwendung pflanzlicher Öle.[21]

Auf Pflanzenöl angewendet sichert das Modell, dass auch derjenige, der viel Pflanzenöl als Kraftstoff zum Betrieb von Maschinen verwendet, einen vergleichsweise hohen Beitrag zum Umweltfonds leistet. **Durch die Rückvergütung ist methodisch** bereits bei einer Anwendung des Modells lediglich auf fossile Energieträger, umso mehr aber bei einer Anwendung auch auf erneuerbare Energieträger **gesichert, dass allen Haushalten die zur Deckung ihrer Nahrungsmittelbedürfnisse erforderliche Kaufkraft zukommt:** Die Auszahlung des ökonomisierten, „zu Geld gemachten" Knappheitswertes beziehungsweise der Knappheitsrente sichert allen die durchschnittliche Nutzung der Atmosphäre als Gemeinschaftsgut.

Wer sich – über die Rückvergütung zur Existenzsicherung hinaus – durch seine Leistungen im Wirtschaftsleben eine höhere Inanspruchnahme eines Umweltgutes leisten kann und will und damit durch seine Nachfrage ceteris paribus zu einem Anstieg des Preises für die Nutzung des Umweltgutes beiträgt, trägt damit zugleich auch zur Erhöhung der Rückvergütung und zur Verbesserung der Einkommensverhältnisse aller Menschen bei, die sich hierdurch trotz eines gestiegenen Preisniveaus weiterhin den durchschnittlichen Verbrauch leisten *können*. Leisten sie sich diesen nicht, treten sie *real* von ihrem Nutzungsrecht zurück, ermöglichen anderen damit den erhöhten realen Verbrauch und erhalten den ökonomischen Gegenwert hierfür in Form der Rückvergütung (s. o.).

---

[21] Möglicherweise genügen die Rückflüsse aus der Anwendung des Modells auf Mineralöl zur Lösung des Welternährungsproblems. Die Anwendung auf Pflanzenöl könnte dann aus pragmatischen Erwägungen entfallen, auch wenn sie methodisch grundsätzlich mitzudenken ist.

Im Ergebnis führen die institutionellen Rahmenbedingungen des Klimafonds-Modells dazu, dass jedem Menschen der durchschnittliche Verbrauch oder dessen finanzielles Äquivalent garantiert ist.

Durch eine Rückvergütung der Einnahmen aus der weltweiten Versteigerung der Emissionsrechte für Emissionen von 20 bis 30 Mrd. Tonnen für jeweils 40 bis 50 US-Dollar pro Tonne beliefe sich der Versteigerungserlös auf 1 bis 1,2 Billionen US-Dollar; verteilt auf 7 Mrd. Menschen, würde eine Auszahlung an alle Menschen in Höhe von etwa 14 US-Dollar pro Monat ermöglicht.[22] Dies wäre auch in den so genannten entwickelten Industrienationen für besonders einkommensschwache Haushalte ein nennenswerter Beitrag zur Haushaltskasse. Für die Ärmsten der Armen dieser Welt würde es bedeuten, dass ihr (Über-)Lebensunterhalt gesichert ist. Weiterer Effekt: Wenn künftig der Preis für eine Ressource steigt, steigt – bei Anwendung des Modells auf diese Ressource – auch die Rückvergütung beziehungsweise Auszahlung. Höhere Preise für Nahrungsmittel durch höhere Preise für Rohstoffe führen dann nicht mehr zu Hungersnöten.

---

[22] Bei einem Emissionspreis von 50 US-Dollar und einer erlaubten Emission von 20 Mrd. Tonnen ergibt sich folgende Rückvergütung: 50 US-Dollar x 20 Mrd. Tonnen = 1 Bio. US-Dollar; 1 Bio. US-Dollar : 7 Mrd. Menschen ≈ 143 US-Dollar pro Jahr je Bürgerin und Bürger; 143 : 12 ≈ 12 US-Dollar pro Monat. Bei einem Emissionspreis von 40 US-Dollar und einer erlaubten Emission von 30 Mrd. Tonnen gilt bei Rückvergütung an 7 Mrd. Menschen: 30 Mrd. Tonnen x 40 US-Dollar = 1,2 Bio. US-Dollar; 1,2 Bio. US-Dollar : 7 Mrd. Menschen ≈ 170 US-Dollar pro Jahr je Bürgerin und Bürger; 170 US-Dollar : 12 Monate ≈ 14 US-Dollar im Monat.

7. Ökosteuer, Ökosteuerbonus („Negative Öko-steuer") und Ökosteuerfreibetrag – eine Ein-ordnung

Ein Hauptanliegen der Einführung von ökologischen Steuern (kurz: „Öko-steuern") ist es, eine Lenkungswirkung zu erreichen zugunsten des Verbrauchs entweder weniger umweltschädlicher Stoffe oder zur Eindämmung eines bestimmten Verbrauchs mit dem idealen Ziel der „Nachhaltigkeit", also einem Verbrauch unterhalb der realisierten Regenerationskapazität einer Ressource. Bei der CO_2-Absorptionskapazität der Atmosphäre wird diese Kapazitätsgrenze laut IPCC mit etwa 20 Mrd. Tonnen errechnet, je nach Auffassung und Klimaschutzziel, 20 bis 30 Mrd. Ziel einer ökologischen Steuer kann es sein, den Verbrauch unter dieses Emissionsvolumen zu reduzieren. Problem und Frage einer Steuer ist deren Höhe. Ist sie zu hoch, schadet sie der wirtschaftlichen Entwicklung mehr als dies ökologisch notwendig wäre, ist sie zu niedrig, dämmt sie die Schäden für die Umwelt nicht ausreichend ein. Eine Steuer folgt der Logik, „lasst uns eine Steuer festsetzen und schauen, ob wir den Verbrauch damit im beabsichtigten Umfang reduzieren können".

Der in den vorangegangenen Kapiteln entwickelte Ansatz sagt stattdessen: „Lasst uns das zulässige Volumen festlegen und den Preis dafür in einem einfachen und transparenten Marktverfahren ermitteln." Er erreicht damit nicht nur die wirksame Eindämmung des Verbrauchs auf das nachhaltige Volumen. Der Preis markiert in gewissem Sinne die „optimale Höhe", die eine Steuerbelastung *haben müsste*, um den Verbrauch wirksam auf das nachhaltige Volumen zu beschränken. Insofern ist die Wirkung des Ansatzes vergleichbar mit der Wirkung von Ökosteuern. Zur Festsetzung der optimalen Höhe einer Ökosteuer kann das Ergebnis des in dieser Schrift entwickelten Modells auch lediglich simuliert und dann als Steuer erhoben werden. Im Zusammenhang damit ist dann jedoch auch die Frage nach dem „Steuerfreibetrag" zu beantworten – analog der Steuerbefreiung des Existenzminimums von der Einkommensteuer durch einen Einkommensteuerfreibetrag.

Wie zuvor mehrfach ausgeführt, belasten die ersteigernden Unternehmen die Kosten der Ersteigerung ihren Kunden weiter. Ungeachtet der speziellen Inzidenz (Belastungswirkung) der Steuer – trägt sie nun das eine oder das andere Unternehmen mehr oder die eine oder andere

Privatperson, die Kapitalgeber oder die Arbeitnehmer oder die Kunden? – kann als eine Art allgemeiner Inzidenz konstatiert werden, dass die gesamten Kosten der Wertschöpfung (und damit auch diese Steuer) letztlich, wie gesagt, von den Konsumenten getragen werden. Insofern wirkt der Emissionspreis im vorgeschlagenen Ansatz wie eine *Verbrauchsteuer.* Das Verständnis der Atmosphäre als „Gemeinschaftsgut" ermöglicht den gedanklichen Zugang zur beziehungsweise die Erkenntnis der Rechtmäßigkeit der Rückvergütung. Sie kann, vor dem Hintergrund der Ökosteuerdiskussion, wie eine Art „Ökosteuerbonus" aufgefasst werden. Steuertechnisch könnte er – wie Milton Friedman dies für die Einkommensteuer 1962 vorgeschlagen hat – als Negativsteuer, in diesem Fall als „Negative Ökosteuer", verstanden werden. Dieser Begriff ist zwar steuertechnisch nicht völlig korrekt, da die „Erstattung" nicht an die „Steuerzahler" (die ersteigernden Unternehmen) sondern an die Steuerträger (Destinatäre), also die letztlich mit den Kosten belasteten Kunden geleistet wird. Dieses begriffliche Zugeständnis erleichtert jedoch die Kommunikation und Vermittlung der Idee wesentlich, macht sie „anknüpfungsfähig" an die Ökosteuerdiskussion und erscheint insofern vertretbar.

In diesem Zusammenhang kann auch der „Ökosteuerfreibetrag" ermittelt werden. Ein einfaches Beispiel soll hierfür zunächst genügen: Das Existenzminimum liege bei 600 Euro pro Monat. Der in den Gütern und Dienstleistungen des Existenzminimums enthaltene „Ökosteueranteil" (i. e. die von den ersteigernden Unternehmen an ihre Kunden weiterbelasteten Kosten der Ersteigerung von Emissionsrechten) liege bei 15 Euro. Dann müssten an alle Bürgerinnen und Bürgern jeweils 15 Euro ausgezahlt werden, um die „Ökosteuerfreiheit" (also die Freiheit von den Belastungen der Kosten der Ersteigerung der Emissionsrechte) zu verwirklichen. Mit anderen Worten: Bei einer Auszahlung in Höhe von 15 Euro pro Monat wäre das Existenzminimum frei von der Belastung der Ökosteuer, „ökosteuerfrei" (oder emissionskostenfrei). Der „Ökosteuerfreibetrag" läge somit bei 600 Euro.

Ergebnis: Von den Emissionskosten belastet werden nur die überdurchschnittlichen Nutzer (d. h. die Konsumenten mit überdurchschnittlichem Konsum von Waren und Dienstleistung, die unter Inkaufnahme von Emissionen hergestellt beziehungsweise bereitgestellt wurden). Die durchschnittlichen Nutzer erhalten einen Ausgleich für gestiegene Kosten in Form der „Negativen Ökosteuer", unterdurchschnittliche Konsumenten erhalten Netto mehr an Auszahlungen, als sie an erhöhten Kosten für ihren Konsum von emissionsenthaltenden Gütern ausgeben.

Kritiker dieses Ansatzes führen „Anreizprobleme" ins Feld: „Schmälert die Auszahlung nicht den Anreiz für einen sparsamen Umgang mit der Ressource?" Keineswegs. Vielmehr verlagert sich der Anreiz für eine sparsame Verwendung dorthin, wo er hingehört: in die Produktion und damit in die Entscheidungs- und Investitionskalküle des Wirtschaftslebens.

Steuertechnisch handelt es sich bei dem hier vorgestellten Modell um eine ‚indirekte Progression' bei der Besteuerung beziehungsweise Quasi-Besteuerung des realen Ressourcenverbrauchs. Diese Progressionswirkung wird erreicht durch die Kombination einer Einfachsteuer (Flat Tax) in Höhe des (wie gesagt gegebenenfalls auch lediglich theoretisch zu ermittelnden und dann als Steuer zu erhebenden) Emissionspreises in hinreichender Höhe mit der freibetragsähnlichen Wirkung einer Rückvergütung (Erstattung/Negativsteuer). Der Steuertarifverlauf ist somit zunehmend mit dem Verbrauch der Ressource, die, in welcher Form auch immer, bei der Herstellung und Bereitstellung der zum Konsum in Anspruch genommenen Güter und Dienstleistungen verwendet wird.

8. Offene Fragen

Wenn die Emissionen auf null sinken, sinkt dann auch die Auszahlung auf null?

Würden die Emissionen auf null sinken, würden auch die Auszahlungen auf null sinken. Damit ist jedoch nicht zu rechnen und es ist zur ‚Rettung des Weltklimas' auch nicht zwingend erforderlich. Es ist erforderlich, die Emissionen auf ein nachhaltiges Niveau oder darunter zu senken. Läge dieses bei beispielsweise 10 Gigatonnen, würde sich hierfür ein höherer Emissionspreis einstellen als für ein Emissionsniveau von 20 Gigatonnen. Die Auszahlung könnte bei einem niedrigeren Emissionsniveau somit sogar über der Auszahlung bei einem höheren Emissionsniveau liegen. Je geringer die erlaubte Emissionsmenge, desto „knapper" ist das zur Versteigerung zur Verfügung stehende Volumen, desto höher ist – bei gegebener Nachfrage – der Emissionspreis. Unternehmen haben also einen umso höheren finanziellen Anreiz für den Einsatz emissionsvermeidender Technologien.

Wird die Rückvergütung existenzsichernd sein?

Das Modell sichert allen Menschen systematisch einen gleichen Anteil an den ökonomisierten (finanziellen) Gegenwerten der knappen Ressource (Knappheitsrente). Es wurde für diese Studie unterstellt, dass der finanzielle Gegenwert des durchschnittlichen Kohlendioxidverbrauchs das Existenzminimum deckt. Dies erscheint insbesondere angesichts des Kaufkraftunterschiedes zwischen Industrie- und Entwicklungsländern gerechtfertigt. Die Höhe der Rückvergütung ist letztlich abhängig von der Höhe der Preise für Emissionsrechte. Mittelfristige Prognosen sehen einen Emissionspreis von 30 bis 50 US-Dollar pro Tonne (INTERGOVERNMENTAL PANEL ON CLIMATE CHANGE 2007, S. 103) voraus. Bei nunmehr 7 Mrd. Menschen ergibt sich bei einer erlaubten Emissionsmenge von 20 bis 30 Mrd. Tonnen jährlich und einem Emissionspreis von 40 bis 50 US-Dollar eine monatliche Auszahlung in Höhe von 12 bis 14 US-Dollar pro Bürgerin und Bürger (siehe Kapitel 6). Damit könnte der Hunger der Ärmsten überwunden werden.

In den entwickelten Volkswirtschaften wäre eine solche Auszahlung nicht existenzsichernd. Dort greifen jedoch bereits die dort bestehenden Sozialsysteme. Ihr Bestand ist angesichts weltweit steigender Produktivität und

Produktionskapazitäten nicht substantiell gefährdet.[23] Primär geht es den Verfassern um die Situation in Regionen, in denen der Welthunger noch nicht besiegt ist.

Würde nicht ein Teil des Geldes den Terrorismus stärken?

Das Geld steht grundsätzlich jedem Menschen individuell zu. Es hilft dadurch, den Terrorismus zu überwinden: Weil auch die Ärmsten eine gesicherte Existenz und somit eine Perspektive haben, lassen sich weniger Menschen zum Terrorismus verleiten. Die Zentren des Terrorismus rekrutieren in erster Linie Menschen, die nichts zu verlieren haben. Für Menschen mit Perspektive ist der Terrorismus verständlicherweise kaum attraktiv.

Würden die Menschen in den armen Ländern dann nicht erst recht viele Kinder in die Welt setzen?

Keineswegs. Hauptverursacher hoher Kinderzahlen in den ärmsten Ländern sind die unsicheren Zukunftsaussichten der Menschen und die hohe Kindersterblichkeit. Beides wird durch extreme Armut verursacht, beides würde durch die Pro-Kopf-Vergütung überwindbar. Heute müssen Menschen im Alter von ihren Kindern versorgt werden und Eltern können die Wahrscheinlichkeit für ihre Versorgung im Alter nur durch hohe Kinderzahl erhöhen, da ihnen alle anderen Systeme der Alterssicherung fehlen. Senkt oder erhöht die Absicherung der Grundbedürfnisse der Menschen durch die Pro-Kopf-Vergütung die Versorgungssicherheit im Alter und damit den Anreiz und die Notwendigkeit hoher Geburtenraten?

Weitere Klimagase

Kohlendioxid ist der größte Verursacher des Treibhauseffektes, jedoch nicht der einzige. Es macht derzeit etwa 70 Prozent des vom Menschen verursachten Treibhauseffektes aus. Konsequenterweise müsste das Klimafondsmodell auch auf die übrigen Treibhausgase angewendet werden. Inwiefern dies jedoch bei den übrigen Treibhausgasen – etwa dem zweitgrößten Verursacher, den so genannten halogenierten Kohlenwasserstof-

---

[23] Zwar können unzeitgemäße Finanzierungsverfahren die Sozialsysteme in entwickelten Wirtschaftsregionen gefährden oder sogar zu Fall bringen. So führt etwa die erwerbsarbeitsbasierte Finanzierung bei zunehmender Automatisierung in die Krise; eine auf der bei zunehmender Produktivität steigenden Wertschöpfung basierte Finanzierung führt aus der Krise der Finanzierung der Sozialsysteme heraus. Realwirtschaftlich sind sie nicht gefährdet.

fen – umsetzbar ist, wurde in dieser Arbeit nicht untersucht. Möglicherweise genügt die Anwendung des Modells auf fossile Brennstoffe, um die gewünschte Verbesserung der Klima- und Ernährungssituation zu erzielen. Andernfalls ist eine Anwendung auf die zweit- und drittwichtigsten Schadstoffe auszudehnen.

Entstehungsquellen von Emissionen

Auch bei der Verarbeitung der Pflanzen zu Nahrungsmitteln wird das im Wachstumsprozess gebundene Kohlendioxid wieder freigesetzt. Die Rechte für dessen Freisetzung müssten – bei konsequenter Anwendung des Modells auch auf Nahrungsmittel – erworben werden. Dennoch ist es aus heutiger Sicht sinnvoll, auf die Anwendung des Modells für die Verarbeitung von Ölpflanzen zu Nahrungsmitteln zu verzichten. Einerseits erfolgt die Nahrungsmittelproduktion dezentraler als die Pflanzenölproduktion, was eine Kontrolle sehr erschwert.[24] Andererseits wird voraussichtlich bereits der Handel mit Emissionsrechten für fossile Brennstoffe zu den gewünschten Effekten von eingeschränktem Verbrauch fossiler Brennstoffe und einer Vergütung zur Deckung der Grundnahrungsmittelbedürfnisse hinreichen (s. o.).

Begrenzung der Anwendung

Eine weitere Frage ist, ob tatsächlich das gesamte Öl und damit auch jene Mengen, die nicht der Kraftstoffproduktion zufließen, sondern zur Herstellung von Plastik oder Medikamenten verwendet werden, der Pflicht zum Erwerb von Emissionsrechten unterworfen werden sollten. Die nicht für die Energieproduktion verwendeten Mengen sind jedoch 1. im Verhältnis zur Verwendung als Kraftstoff so gering, dass die Kosten der Überprüfung einer eventuellen Ausnahmeregelung voraussichtlich nicht im Verhältnis zu den dadurch erzielbaren Vorteilen stehen, und 2. werden – wenn auch mit Verzögerung – auch deren Kohlendioxidanteile mitunter freigesetzt, so dass eine Nachüberprüfung erforderlich wäre, deren Kosten ebenso wenig gerechtfertigt erscheinen.

---

[24] Die Pflanzenölproduktion findet größtenteils in großen Ölmühlen statt, so dass praktisch beim Verlassen des Werksgeländes eine Überprüfung auf ordnungsgemäßen Erwerb entsprechender Emissionsrechte stichprobenartig erfolgen kann. Die Förderung und der Verkauf von Mineralöl erfolgen sogar noch zentralisierter.

Zunahme der Weltbevölkerung

Was geschieht mit den Preisen für Emissionsrechte und damit der Höhe
der Rückvergütung, wenn die Bevölkerungszahl wächst und die hinzu-
kommenden Menschen einen ebenso großen Anspruch auf Ausstoß an
treibhaus-schädlichen Stoffen erheben? Wachsende Bevölkerungszahlen
können ebenso zu rückläufigen (durch eine Aufteilung auf mehr Menschen) wie zunehmenden Rückvergütungshöhen (durch von größerer rela-
tiver Knappheit bedingte höhere Preise für ein Umweltgut) führen. Mit
dem vorliegenden Modell wird der finanzielle Anreiz für Innovationen zur
Schonung des Umweltgutes in der institutionellen Rahmenordnung auch
und gerade für den Fall wachsender Weltbevölkerungszahlen verankert.

Ähnliches gilt für nach umweltpolitischem Willen rückläufige Mengen
zulässiger Emissionsvolumina: Deren Verknappung – auf der ersten Ebene
des Modells – kann zu knappheitsbedingt steigenden Preisen und damit
steigenden Rückvergütungen führen.

Hören die Armen mit der Auszahlung nicht auf zu arbeiten?

Ist heute das Problem, dass die Armen nicht arbeiten wollen, weil sie sich
in ihrer Situation so wohl fühlen, oder dass sie keinen oder kaum einen
Anreiz zum Arbeiten haben, weil die Erzeugnisse ihrer Arbeit in ihrem –
ebenfalls armen – Umfeld nicht auf kaufkräftige Nachfrage stoßen? Mit
anderen Worten: Ein Wasserloch zur Versorgung von anderen Menschen
über meine eigenen Bedürfnisse hinaus auszuheben und zu unterhalten
habe ich doch nur einen Anreiz, wenn die anderen Menschen mir meine
Mühe auch entlohnen können – und ich mir für die Entlohnung dann
wieder die Erzeugnisse anderer kaufen kann.

Welche Kosten versursacht das Modell und wer wird dadurch belastet?

Die Kosten der Auktionierung und Verteilung nehmen sich angesichts
eines Gesamtvolumens von 1 Billion USD jährlich vernachlässigbar gering
aus. Alle erhalten die gleiche Auszahlung. Der positive finanzielle Nettoeffekt auf der Seite der unterdurchschnittlichen Nutzer der Ressource entspricht wertmäßig dem realen überdurchschnittlichen Mehrverbrauch auf
der Seite der überdurchschnittlichen Nutzer. Mit anderen Worten: Die
(finanziell-wertmäßigen) Kosten werden getragen von den überdurch-

schnittlichen Nutzern. Hierbei gibt es zweierlei zu bedenken: 1.) Kann jeder Einzelne durch seinen Verbrauch und die Wahl der Produkte selbst bestimmen, wie viel CO_2 er verbraucht. Sein individueller Nettoeffekt ergibt sich aus seinem Konsum- und damit Ressourcennutzungsverhalten. Der Radfahrer in Neapel hat, ceteris paribus (bei ansonsten gleichem Verhalten), einen positiveren Nettoeffekt als der Autofahrer in Nepal. 2.) Die „Meistkonsumierenden" der Welt werden bei überdurchschnittlichem Konsum (die tatsächliche Menge bestimmen sie täglich selbst) in absoluten Werten die Hauptlast der Kosten tragen, jedoch relativ auch dann für sie kaum spürbar betroffen sein. (Um es mit den Worten des Mathematik- und Wirtschaftswissenschaftlers Professor Wolfgang Eichhorn zu sagen: „Statt 100 Rembrandts werden sie dann nur 99 Rembrandts pro Jahr kaufen können. Einen dramatischen Wohlstandseinbruch hat niemand zu befürchten.")

Zusammenfassend kann man grob vereinfachend den Effekt in Drittel unterteilen: Das Drittel der Menschheit, das am wenigsten konsumiert, hat faktisch eine Nettoauszahlung (= positiver Nettoeffekt), das durchschnittlich konsumierende Drittel der Menschheit hat praktisch einen ausgeglichenen Nettoeffekt (= die Summe der Auszahlungen deckt sich in etwa mit der Summe der Mehrausgaben). Das am meisten konsumierende Drittel hat einen negativen finanziellen Nettoeffekt (sie zahlen mehr, als sie an Auszahlung bekommen). Dieser Nettoeffekt ist jedoch verglichen mit ihrem Gesamtbudget vernachlässigbar und ihnen ist hierdurch die Beibehaltung ihres bisherigen Lebensstandards ermöglicht.

Die „durchschnittlichen" Kosten pro Mensch liegen naturgemäß in der Höhe der durchschnittlichen Auszahlung pro Mensch, also je nach Emissionspreis und der Menge versteigerter Emissionszertifikate und nach den hier angestellten Rechnungen (vgl. Abschnitt 6 „… und zur Lösung des Welternährungsproblems") zwischen 10 und 15 USD pro Mensch im Monat. Die Belastung bestimmt die beziehungsweise der Einzelne durch ihr beziehungsweise sein Konsumverhalten.

Würde eine Implementierung des Modells nicht erst recht zu steigenden Preisen auch für Nahrungsmittel führen?

Der Anstieg von Rohstoffpreisen zählt heute zu den bedeutendsten Verursachern von Preissteigerungen. Die heute noch übliche Vergabe von Eigentums- statt Nutzungsrechten führt als eine Folge dieser Ursache dazu, dass sich Finanzmittelströme in den Händen derjenigen bündeln, die sich privates Eigentum[25] an diesen Gemeinschaftsgütern verschafft haben. Es kommt zu einer Konzentration von Geld und damit Macht. Eine Anwendung des Modells führt hingegen zu einer Streuwirkung: Selbst wenn die Preise steigen, haben viele Menschen etwas davon, aufgrund der Rückvergütungsebene.

---

[25] Privat, von privare (lat.): rauben, noch heute im Englischen als deprive: berauben. So gesehen könnte man es vielleicht wie folgt ausdrücken: Einige Menschen haben der Gemeinschaft Gemeinschaftsgüter „geraubt" (Nicht-Naturgrundlagen beziehungsweise Nicht-Rohstoffe, also Leistungsergebnisse können berechtigterweise auch aus wirklichkeitsgemäßer ordnungspolitischer Sicht Privateigentum sein). Leon Walras, einer der Begründer der klassischen wirtschaftswissenschaftlichen Denkschule (Gleichgewichtsmodelle), hat hierauf in Bezug auf Grund und Boden dezidiert hingewiesen. Die Begründung, die Vergabe von Eigentumsrechten an Gemeinschaftsgütern sei richtig, weil hierdurch ein pfleglicher, fürsorglicher (und sparsamer) Umgang damit gewährleistet würde, gilt ebenso für die Vergabe von Nutzungsrechten. Der Unterschied zwischen der Vergabe von Eigentumsrechten und Nutzungsrechten (bei geeigneter vertraglicher beziehungsweise gesetzlicher Ausgestaltung derselben) liegt in der unterschiedlichen Machtposition ihrer Eigentümer. Walter Eucken, der Begründer der ordoliberalen ökonomischen Schule, bestand mit Blick auf die Erfahrungen der Folgen extremer Machtungleichheiten (zwei Weltkriege mit Millionen von Toten) darauf, dass es in einer Wirtschaftsordnung nicht darum gehe, wirtschaftliche Macht einzudämmen, sondern darum, eine Wirtschaftsordnung so zu gestalten, dass wirtschaftliche Macht gar nicht erst aufkommen könne (EUCKEN 1952, 7. Auflage 2004, S. 172). Dies erscheint mit Blick auf die Rechte an Gemeinschaftsgütern durch Nutzungsrechte eher realisierbar als durch Eigentumsrechte. Die heute wieder zunehmende Wortwahl von ‚Wirtschaftskrieg', ‚Währungskrieg', ‚Kriege um Ressourcen', ‚Kriege um Wasser' etc. könnte als Anzeichen interpretiert werden, dass dieses Problem auch heute noch nicht überwunden ist und in seiner Überwindung ein großes Forschungsfeld für die Wissenschaft und ein großes Betätigungsfeld für die Politik liegt, wenn künftig Kriege vermieden werden sollen.

9. Zusammenfassung

„Wer in einer Welt begrenzter Ressourcen an unbegrenztes Wachstum glaubt, ist verrückt – oder Ökonom." So oder so ähnlich lautet die zusammenfassende Einschätzung von Wachstumskritikern. Oftmals wird jedoch übersehen, dass nicht das Wachstum sondern der damit automatisch unterstellte und einhergehende Ressourcenverbrauch ursächlich ist für die zu Recht kritisierte Umweltzerstörung. Die Menschen brauchen zur Überwindung der Wachstumskritik und zur fruchtbringenden Verbindung von Wachstum und Ressourcennachhaltigkeit ein Modell, das **Wachstum unter abnehmendem oder zumindest nachhaltigem Ressourcenverbrauch** ermöglicht. Ein solches Modell liegt mit dieser Schrift vor. Der Preis setzt ein Knappheitssignal (1. und 2. Ebene) und schafft modellinhärent Anreize, den Verbrauch kostspieliger (weil knapper) Ressourcen zu ersetzen, entweder durch weniger kostspielige (weil weniger knappe) Ressourcen oder durch technologischen Fortschritt, der es ermöglicht, aus einer gegebenen Menge einer Ressource mehr Güter zu produzieren. Fortgesetztes wirtschaftliches Wachstum ist mit Hilfe des hier entwickelten Ansatzes also explizit weiterhin möglich, dieser ist jedoch gebunden an eine konkrete Reduktion des umweltschädlichen Ressourcenverbrauchs.

Im Sommer 2008 wurden von den Vereinten Nationen (2,7 Mrd.), den USA (1,5 Mrd.) und Deutschland (900 Mio.) insgesamt etwa 5,1 Mrd. US-Dollar an zusätzlichen Mitteln für Entwicklungshilfe bewilligt, um den dramatisch zunehmenden Hunger – schon im Jahr 2007 ist die Zahl der Menschen ohne ausreichende Nahrungsmittelversorgung im Vergleich zu 2006 um 75 auf 923 Mio. gestiegen – als Folge der gestiegenen Rohstoffpreise einzudämmen. So notwendig und begrüßenswert finanzielle Hilfen sind, darf nicht übersehen werden, dass es sich hierbei um eine „Art von Privatisierung" handelt: Mittel, die aus öffentlichen Quellen kommen, „durchlaufen" gleichsam einmal den Magen der Hungernden, um sich dann bei jenen zu sammeln, die von den gestiegenen Rohstoffpreisen profitieren, ohne dass sie hierfür eine Mehrleistung erbringen. Das vorgestellte Modell mildert solche Effekte bei künftigen Preissteigerungen ab, da dann systematisch steigende Preise – etwa für Emissionen – zu steigenden Rückvergütungen führen. Zugleich bleibt der unternehmerische Anreiz zur Herstellung von Nahrungsmitteln erhalten, während die ökonomische Vorteilhaftigkeit einer ökologischen Herstellung steigt.

Anlässlich des G8-Gipfels im Juli 2008 haben sich China und Indien geweigert, den Vereinbarungen zum Klimaschutz zuzustimmen, da diese mangels Pro-Kopf-Lösung ihre wirtschaftliche Entwicklung behindern würden. Das vorgestellte Modell stellt eine solche Lösung dar.

Der UN-Sonderbeobachter für das Recht auf Nahrung, Jean Ziegler, befürchtet bei weiter fortgesetzter Verbrennung von Pflanzenöl eine Welthungerkatastrophe. Im April 2008 wurden bei Protesten gegen steigende Lebensmittelpreise in Haiti Menschen getötet.

Armut und Hunger sind nicht gottgegeben, sie sind systembedingt. Aufgabe von Politik und Ökonomie ist es, „das Los der Menschen zu verbessern" (KÖHLER 2006). Die Weizenpreise haben sich in den Jahren 2007 und 2008 verdoppelt (BERTHIAUME 2008). In Wirtschaftskrisen nimmt der Hunger weltweit auch bei sinkenden Rohstoffpreisen zu. Eine zunehmende Zahl von Menschen stirbt. Wenn in einer Wirtschaftsordnung ökonomisch bedingter Völkermord (ZIEGLER) systematisch möglich wird, obwohl ausreichende Ressourcen vorhanden sind (siehe Einleitung, S. 1), muss diese Ordnung entsprechend modifiziert werden. Der hier vorgestellte Vorschlag stellt eine solche Modifikation dar.

Das Interfakultative Institut für Entrepreneurship (IEP) des Karlsruher Instituts für Technologie ist Mitglied des Süddeutschen Umweltbüros. Die Forschung am IEP widmet sich unter anderem der Frage, welche Rahmenbedingungen geeignet sind, unternehmerische Initiative zu wecken. Die vorliegende Arbeit untersucht und entwickelt Maßnahmen für den Klimaschutz und bezieht hierbei finanzielle Anreize unternehmerischen Handelns ein. Das vorgestellte Drei-Ebenen-Modell führt unter Verknüpfung beider Aspekte dazu, dass hierbei zugleich Ernährungssicherheit für alle Menschen realisiert werden kann.

Für wichtige Anregungen und das Zitat von Saadi auf der Rückseite des Einbandes danken die Verfasser Frau Dr. Sanaz Mostaghim vom Institut für angewandte Informatik und formale Beschreibungsverfahren (AIFB).

Literatur

ANDRES, FRITZ (2001): Klimapolitik als Ordnungspolitik, in: Fragen der Freiheit, Nr. 258 2001.

BARNES, PETER und HAAS, JÖRG (2009): Die Atmosphäre als Gemeingut – Zukunft des europäischen Emissionshandels, in: HELFRICH, SILKE und HEINRICH-BÖLL-STIFTUNG (Hrsg.): Wem gehört die Welt. Zur Wiederentdeckung der Gemeingüter, Berlin, S. 229-236

BARNES, PETER (2001): *Who owns the Sky? Our Common Assets and the Future of Capitalism.* Washington.

BARTEL, R./HACKL, F. (1994): Einführung in die Umweltpolitik, Verlag Vahlen, München.

BARTMANN, H. (1996): Umweltökonomie – ökologische Ökonomie, Kohlhammer, Stuttgart.

BERTHIAUME, CHRISTINE (2008): Interview, ARD, 13/03/2008, in: Internet unter: http://www.tagesschau.de/multimedia/sendung/tt438.html.

BETZ, R./SATO, M. (2006): Emissions trading: lessons learnt from the 1st phase of the EU ETS and prospects for the 2nd phase, in Climate Policy 6, S. 351-359, Earthscan.

BINSWANGER, HANS CHRISTOPH (2005): Geld und Magie, Hamburg.

BUTZENGEIGER, S./BETZ, R./BODE, S. (2001): Making GHG Emission Trading work – crucial Issues in designing national and international Emission Trading Systems, HWWA Discussion Paper, Hamburg.

CAIT 3.0 (Climate Analysis Indicators Tool), World Resources Institute, http://cait.wri.org/downloads/CAIT-3.0-Setup.exe.

DINJUS, ECKHART (2008): Biosprit war von Beginn an eine Fehlentwicklung, in: Badische Neueste Nachrichten, Nr. 84, 10.04.2008.

DUGGE, MARC (2009): Die Wallstreet reicht bis nach Afrika, in: Internet unter: http://www.tagesschau.de/ausland/finanzkriseafrika100.html, Stand 24.05.2009.

EISENBEISS, GERD (2007a): Wer Kohlenstoff herstellt oder in Verkehr bringt ..., in: Süddeutsche Zeitung, 24.03.2007.

(2007b): Die Flickschusterei beenden, Frankfurter Rundschau, 17.08.2007.

(2008): Nachhaltigkeit, Klimaschutz und Ökonomie – Parallelitäten und Widersprüche, Vortrag anlässlich der Tagung „Klimapolitik und internationale Gerechtigkeit" am Seminar für freiheitliche Ordnung von Kultur, Staat und Wirtschaft (SffO) am 3. und 4. Mai 2008 in Bad Boll. Eine auszugsweise Veröffentlichung der Tagungsergebnisse durch das Seminar für freiheitliche Ordnung ist vorgesehen.

EUCKEN, WALTER (1952): Grundsätze der Wirtschaftspolitik, 7. Auflage 2004.

EUROPÄISCHE KOMMISSION (2010): Die europäischen Industrieunternehmen müssen mindestens 50 Prozent der Emissionsrechte ersteigern, zitiert nach: Kafsack, Hendrik (2010): Hälfte der Emissionsrechte kostenlos, in: Frankfurter Allgemeine Zeitung, 10.09., in: Internet unter: http://www.faz.net/s/Rub0E9EEF84AC1E4A389A8DC6C23161FE44/Doc~ED7564F5F6AD042D09EE11834076CAA43~ATpl~Ecommon~Scontent.html, Stand: 21.01.2011. Siehe auch unter: http://ec.europa.eu/clima/policies/ets/auctioning_en.htm.

FICHTER, ALINA (2011): Der gefeuerte Heilige, in: Süddeutsche Zeitung, Nr. 50, S. 18

GRAICHEN, P. (2001): Umweltpolitische Instrumente für den Klimaschutz – mengen- und preispolitische Ansätze, in: Fragen der Freiheit, Heft 258, Bad Boll.

HARDENBERG, CHRISTIANE VON und ZAPF, MARINA (2008): Chance in der Tortilla-Krise, in: Financial Times Deutschland, 09.04.2008.

HARDIN, JAMES GARRETT (1995): Living within Limits, Oxford.

HEPBURN, C./GRUBB, M./NEUHOFF, K./MATTHES, F./TSE, M. (2006): Auctioning of EU ETS phase II allowances: how and why?, in: Climate Policy 6, S. 137-160, Earthscan.

INTERGOVERNMENTAL PANEL ON CLIMATE CHANGE (2007): Fourth Assessment Report, 2007, in Verbindung mit: Intergovernmental Panel on Climate Change/Zwischenstaatlicher Ausschuss für Klimaänderungen (2007): Klimaänderung 2007, Synthesebericht (insbesondere S. 48 ff.).

INTERNATIONAL POLICY INSTITUTE (2008): Carbone Dioxide Emissions Accelerating Rapidly, in: Internet unter: http://www.earth-policy.org/Indicators/CO2/2008.htm, Stand: 9.04.2008.

KÖHLER, HORST (2006): Ansprache von Bundespräsident Köhler anlässlich einer Tagung von Nobelpreisträgern in Lindau am Bodensee, in: Handelsblatt vom 21.08.2006, Nr. 160 2006, S. 9.

MATTHES, F. CHR./NEUHOFF, K. (2007): Auctioning in the European Union Emissions Trading Scheme, Öko-Institut, Berlin/Cambridge.

MEADOWS, DENNIS u. a. (1972): Die Grenzen des Wachstums. Bericht des Club of Rome zur Lage der Menschheit, Stuttgart.

MERKEL, ANGELA (2007): Initiative zur CO_2-Reduktion. Merkels neue Klima-Offensive, in: Süddeutsche Zeitung, 31.08.2007.

NILEKANI, NANDAN (2009): Eine Identitätsnummer für jeden der 1,1 Milliarden Inder, in: Handelsblatt, Nr. 238, 09.12.2009, S. 63.

OTT, HERMANN E. und SACHS, WOLFGANG (2000): Ethical Aspects of Emissions Trading, Wuppertal.

PFEIFER, SYLVIA (2011): Global deal on climate change will be the key, in: Financial Times, 17.01., Beilage „Innovation in Energy", S. 1.

RAHMEYER, F. (2004): Europäische Klimapolitik mit handelbaren Emissionslizenzen, Volkswirtschaftliche Diskussionsreihe, Beitrag Nr. 257, Universität Augsburg.

RIES, FELIX (2009): Welternährung – auf dem Acker wächst genug für alle, in: Bundeszentrale für politische Bildung, Spezial Ernährung, 2009, in: Internet unter: http://www.bpb.de/themen/Z48ETH,0,0,Weltern%E4hrung_%96_auf_dem_Acker_w%E4 chst_genug_f%FCr_alle.html, Stand: 05. September 2010.

SACHVERSTÄNDIGENRAT FÜR UMWELTFRAGEN: Die nationale Umsetzung des europäischen Emissionshandels: Marktwirtschaftlicher Klimaschutz oder Fortsetzung der energiepolitischen Subventionspolitik mit anderen Mitteln? Stellungnahme Nr. 11, Berlin, April 2006, http://www.umweltrat.de/03stellung/downlo03/stellung/Stellung_NAPII_April2006.pdf

SACHS, JEFFREY D. (2005): The End of Poverty, New York 2005.

SCHWENCK, VOLKER (2008): Bericht, ARD, 13.03.2008, in: Internet unter: http://www. tagesschau.de/multimedia/sendung/tt438.html.

SHEERAN, JOSETTE (2008): Interview auf BBC International, 25.02.2008.

SIJM, J. P. M./BAKKER, S. J. A./CHEN, Y./HARMSEN, H. W./LISE, W. (2005): CO_2 price dynamics: The implications of EU emissions trading for the price of electricity, Report ECN-C-05-081, Energy research Centre of the Netherlands (ECN), Petten/Amsterdam.

SONNLEITNER, GERD (2008): Öl verteuert Nahrung, in: Internet unter: www.n-tv.de/963183.html

SPIEGEL, PETER (2006): Muhammad Yunus – Banker der Armen, Freiburg 2006.

STEEG, THOMAS (2008): im Internet unter: http://www.tagesschau.de/multimedia/sendung/ ts6038.html, Stromkosten Hartz IV.

STERN, N., S. PETERS, V. BAKHSHI, A. BOWEN, C. CAMERON, S. CATOVSKY, D. CRANE, S. CRUICKSHANK, S. DIETZ, N. EDMONSON, S.-L. GARBETT, L. HAMID, G. HOFFMAN, D. INGRAM, B. JONES, N. PATMORE, H. RADCLIFFE, R. SATHIYARAJAH, M. STOCK, C. TAYLOR, T. VERNON, H. WANJIE und D. ZENGHELIS (2006): Stern Review: The Economics of Climate Change, HM Treasury, London.

STERN, N. (2008): Emissionsrechte zu verschenken ist eine ganz schlechte Idee, Frankfurter Allgemeine Zeitung vom 30.09.2008, S. 14.

STRAHAN, DAVID (2007): The last Oil Shock, London 2007.

UEXKÜLL, JAKOB VON (2008): Vortrag anlässlich der Verleihung des Erich-Fromm-Preises 2008 in Stuttgart. Abgedruckt in: Humanistischer Dialog angesichts globaler Herausforderungen, Fromm Forum 13/2009, S. 112-118

UNFCCC (United Nations Framework Convention on Climate Change) (2006), GHG Data 2006 – Highlights from Greenhouse Gas (GHG) Emissions Data for 1990-2004.

WALRAS, LEON (1896/1990): Théorie de la Propriété, in: Oevres Économiques Vol. IX – Études d'Économie Sociale. Nachdruck 1990, S. 186-194, zitiert nach: Zeitschrift für Sozialökonomie, Nr. 120 1999, S. 2.

WALTER, NORBERT (2008): Finanzkrise und Nachhaltigkeit, Podiumsdiskussion im Stadthaus Ulm, 03.04.2008. Äußerung des Chefvolkswirts der Deutschen Bank AG.

WELTBANK (2008): Studie über die Ursachen des weltweiten Anstiegs der Nahrungsmittelpreise, in: Internet unter: http://www.tagesschau.de/multimedia/sendung/ts5818.html.

WICKE, L. (1993): Umweltökonomie, Verlag Vahlen, München.

WWF Deutschland Hintergrundinformation: Gewinne aus der Einpreisung von CO_2-Kosten im Verhältnis zu den angekündigten Investitionen von RWE, E.ON, Vattenfall Europe, EnBW und STEAG. Berlin, 13.2.2006, http://www.wwf.de/fileadmin/fm-wwf/pdf_misc-alt/klima/14.pdf.

Die wachsende Nachfrage nach Agrarenergie im Norden birgt die Gefahr von steigenden Nahrungsmittelpreisen und von neuen Verteilungskämpfen im Süden.

Heidemarie Wieczorek-Zeul

Weizen, Mais, Palmöl und so weiter werden zu Pflanzenöl und verbrannt. Wenn dies weiterhin passiert, wird die jetzige Hungerkatastrophe zur Weltkatastrophe.

Jean Ziegler

Nur wenn das Klimaproblem zu einem moralischen Problem wird, entsteht ausreichendes Lösungsbewusstsein.

Jakob von Uexküll

Wir müssen uns klar machen, dass es sich um die Not und das Leben von Menschen handelt.

Dirk Niebel, Bundesentwicklungshilfeminister, 2010